KB078420

이슬람 율법

차 례

Contents

03인간과 알라 : 무슬림의 신앙생활을 제도화시킨 율법 **34**인간
과 인간 : 남성과 여성의 삶과 지위에 관한 율법 **64**인간과 사회 :
이슬람 문화와 세계관을 규정해 온 율법

인간과 알라 :
무슬림의 신앙생활을 제도화시킨 율법

이슬람 율법이란 무엇인가?

이슬람은 '율법 종교'이다. 우리가 이슬람, 무슬림, 꾸란(코란)에 대하여 어떤 관점과 어떤 태도를 갖고 있느냐에 따라 이슬람 율법에 대한 이해는 달라진다. 몇 년 전에 중동 여행자를 위한 지침서를 발간해 중동으로 나가는 국민들에게 배포한 일이 있었다. 책자에서는 이슬람 국가가 고수하는 엄격한 형벌 규정 등 이슬람의 여러 율법을 함께 소개했지만, 그런 것들이 당시 모든 아랍 이슬람 국가에서 시행되는 율법이 아니라는 사실은 지적하지 않았다. 실제로 그런 엄격한 이슬람 율법은 한두 나라에만 국한되어 시행되며, 대부분의 이슬람 국가들은 고전적이고 전통적인 이슬람 율법 중 일부만 고수하고 있다. 예를 들어 이슬람 율법에 따르면 무슬림이 절도를 하다가 잡혔을 경우엔 그의 손을 잘라야 하지만, 오늘날 실제로 손을 자르는 이슬람 국가는 없다. 지금은 이슬람 국가 대부분에서 절도범에게 민법에 따라 3년 정도 옥살이를 시킨다.

한편 이슬람 국가에는 두 개의 법이 있다. 하나는 알라가 주신 율법(샤리아)이고 또 다른 하나는 인간이 만든 법(까눈)이다. 그래서 이슬람 국가에는 까눈을 배우는 법과대학과 샤리아를 배우는 이슬람 율법 대학이 따로 있다. 요르단 대학교에는 이 두 개의 단과대학이 한 대학 안에 있으나 이집트에서는 카이로 대학교에 일반 법과대학(일반 법대 안에 이슬람 율법 과가 있음)이 있고 알아즈하르 대학교에 이슬람 율법 대학이 있다.

이슬람 율법을 아랍어로 '샤리아'라고 한다. 샤리아라는 말은 '물웅덩이' 혹은 '물웅덩이로 가는 법'이란 뜻에서 시작하여 '목이 마를 때 물을 찾아가는 것'이라는 의미를 갖기도 한다. 샤리아에는 알라가 아랍인 예언자 무함마드를 통하여 무으민(마음에 자리 잡은 것이 행동으로 나타나는 사람)들에게 내려 준 율법과 무함마드의 입을 통하여 와히(알라의 말, 메시지, 책)가 가져다준 율법이 포함된다. 이슬람 율법(이 책에서는 시아파가 아닌 순니파의 율법을 다룬다)이 다루는 주제들은 다음과 같다.

(1) 이슬람 교리 : 교리학
(2) 인간과 알라 간의 관계에 대한 제도(기도, 금식, 종교

구빈세) : 예배 부문(법학)

   (3) 인간과 인간 간의 관계에 대한 제도(혼인, 이혼, 매매)
: 관습 부문(법학)

   (4) 인간과 사회 간의 관계에 대한 제도(지하드, 의결제
도, 윤리, 처벌) : 관습 부문(법학)

이슬람은 알라가 내려 준 교리들과 법들과 예배들의 집합이
다. 그리고 이슬람학에서는 교리학, 꾸란학, 하디스학, 이슬람
율법, 법의 원리, 무함마드의 전기, 이슬람 역사, 이슬람 종파 등
을 배운다. 이슬람 율법은 위와 같이 크게 교리학(아까이드)과 법
학(피끄흐)으로 되어 있다.

교리학은 알라, 천사들, 메신저(사자)들, 경전들, 최후의 날 그
리고 운명론을 어떻게 믿는지를 연구한다. 다시 말해서 교리학
은 인간이 의심하지 않고 머리와 가슴으로 믿는 것을 붙잡고
영원히 놓지 않는 이슬람 교리를 연구하는 학문이다.

이에 비해 피끄흐는 믿는 자들의 행동을 연구하는 학문으로서
그들의 삶을 제도화한 것이다. 즉 무슬림들의 삶을 제도화한 율
법이나 법률을 연구하는 학문이 법학(일므 알피끄흐)이다. 피끄흐는
율법(샤리아)에서 온 법을 확실하게 이해하는 것을 의미하므로 이
슬람 율법이 확대된 것이라 할 수 있다. 세부적으로 피끄흐는 예
배(이바다트) 부문과 관습(아다트) 부문으로 나뉜다. 그리고 샤리아
는 알라의 메시지 속에 들어 있는 법(아흐캄)을 연구하는 것이다.

오늘날 이슬람 국가의 법 제도는 크게 셋으로 나뉜다. 먼저

카자흐스탄과 말리, 터키와 같은 국가에서는 국정, 법률, 정치에 종교의 개입이 금지되어 있어, 샤리아는 개인 및 가족 문제에만 국한된다. 둘째, 파키스탄, 인도네시아, 아프가니스탄, 이집트, 수단, 모로코, 말레이시아, 요르단 등 대부분의 이슬람 국가들은 샤리아가 강한 영향력을 끼치는 법적 제도를 가지고 있다. 그러나 법적 최종 권위는 이슬람 율법이 헌법과 법률에 양보하는 형세다. 이들 국가에는 민주적인 선거가 있고 종교학자들이 아닌 정치인과 법률가들이 법률을 만든다. 그래서 법이 현대화되었고 샤리아와 비교할 때 상당한 차이가 있다. 셋째, 사우디아라비아와 일부 걸프(페르시아 만) 국가들은 헌법이 없고 종교학자들이 해석한 대로 이슬람 율법에 의존한다. 그러므로 통치자들이 법을 바꾸는 데 제한된 권한을 갖는다. 이란은 이와 비슷하나 의회가 있어 샤리아와 일치된 방식으로 입법을 하기도 한다.

이슬람 율법의 취지

샤리아의 본래 목적은 인류 모두가 이슬람교로 들어오는 데 있다. 꾸란의 아알 이므란 장(3장) 19절에는 "알라에게 종교는 이슬람이다."라고 쓰여 있다. 꾸란 3장 85절에서는 "이슬람 이외의 다른 종교를 택하는 자는 종말에 패망할 자"라고 하여 알라의 종교는 기독교도 아니고 유대교도 아닌 이슬람이라고 확증한다. 그렇다면 아랍 무슬림들은 이슬람 율법을 잘 알고 실천하는가?

2010년 2월 22일 이집트 카이로에서 이슬람 문제 최고 위원회가 '이슬람 율법의 취지와 시대의 이슈'라는 주제로 학술회의를 개최했다. 이 회의는 80개 이슬람 국가의 무슬림들을 대상으로 4일간 계속되었는데, 무바라크 이집트 대통령은 기조연설에서 "오늘날 이슬람 세계는 소소한 문제에 치중하여 이슬람 교리의 큰 가르침에서 벗어나 있다."라고 진단했다. 그는 오늘날 이슬람 세계의 무슬림 젊은이들이 전반적으로 극단적이며 쉽게 격분하는 경향이 있다면서 다음과 같이 무슬림들이 서로 용서하고 타자를 수용해 줄 것을 제안했다.

첫째, 이슬람 공동체가 인권을 보호하는 이슬람 교리의 핵심을 더 잘 이해해야 한다. 둘째, 하니프(단일신 숭배) 종교인 이슬람의 핵심과 거리가 먼 극단적인 사고를 갖지 않도록 해야 한다. 셋째, 무슬림이 이슬람 율법의 취지를 올바르게 깨달으면 이슬람의 바른 모습이 드러나고 인권이 존중되는 문화가 확산된다. 넷째, 무슬림들은 너무 사소한 문제에 이슬람을 개입시켜 이슬람 가르침의 본질에서 벗어난 경우가 많다.

원래 이슬람 교리와 법을 다루는 이슬람 율법은 꾸란, 무함마드 언행록, 만장일치, 유추에서 법적 근거들을 찾았다. 먼저 꾸란은 이슬람 율법의 첫 번째 근거로서, 가장 중요한 이슬람 율법의 원천이다. 꾸란의 율법은 모든 무슬림들의 의무이고 한 가지 말이 한 가지 의미를 갖는 경우와 한 가지 이상의 의미를 갖는 경우가 있다. 두 번째로 순나(무함마드 언행록)는 꾸란의 법이 실제적으로 나타난 예로서 무함마드와 그의 동료들의 행동이 모범이 되었다. 세 번째는 이슬람 법적 문제에 대한 모든 법학자들의 견해가 일치하여 동시대에 살고 있는 이들 법학자들이 만장일치한 내용이다. 그럼 꾸란, 순나, 만장일치 등 세 가지 법적 근거 속에서 아무리 찾아도 찾을 수 없는 새로운 안건은 어떻게 했을까? 바로 꾸란, 순나, 만장일치 중 공통된 법적인 근거와 사유가 있는 것으로부터 유추를 하여 이슬람의 법적 근거로 삼았다.

이슬람 율법은 무슬림들에게 편의와 유익을 주고 인간들 사이에 공평함을 실현시키려는 목적을 가진다. 특히 자비의 정신에 합당하게 상대의 인권을 보호하는 것이 이슬람 율법의 근본 취지다. 그리고 이런 자비는 인간의 생명, 이성(reason), 자녀 출산, 종교, 재물과 관련되었다.[1] 즉 자비가 있으면 생명을 소중히 여기고 자신의 재물을 남에게 줄 수 있다는 것이다.

이슬람 율법이 적용되는 방식에는 6가지가 있다. 알라가 명한 일(파르드), 의무적으로 할 일(와집), 금지한 일(하람), 증오받는 일(마크루흐), 허용된 일(할랄), 안 해도 잘못된 것이 아닌 일(만둡) 등이다. 어떤 일을 알라가 금했다는 증거가 없을 때 무슬림은 그 일을 행해도 무방하다. 그러나 음주처럼 증거가 분명하여 반드시 행해서는 안 되는 일도 있다. 또 월요일과 목요일에는 금식을 행하지 않아도 잘못이 없고, 이에 비해 기도 때마다 개경장(꾸란의 첫 번째 장)을 외우는 것은 무슬림이 반드시 지켜야 하는 일이다.

간혹 무슬림들이 알라의 명령인 것을 알면서도 그 명령을 준행하지 않는 경우(파시끄)가 있다. 더욱 심각한 것은 오늘날 무슬림들이 기도, 금식, 순례 등 무슬림 한 사람 한 사람이 철저히 지켜야 하는 것(파르드 아인)을 잘 지키지 않는다는 점이다. 순례처럼 알라가 명한 것이 확실한 일을 거부하면 카피르가 된다. 카피르는 이슬람 율법을 거부한 사람들로 기도, 금식, 순례, 종교 구빈세 납부 등을 거부한다. 이런 카피르는 동료 무슬림에 의하여 배교자로 낙인찍혀 살해당할 수 있는데, 이런 살해 현상을 타크피르 문화라고 한다. 이라크에서는 2003년 타크피르 문화가 기승을 부려 무슬림 인명 살해가 많아지기도 했다. 그러자 2004년 이슬람 학자들이 요르단 암만에 모여 타크피르 문화를 종식시키기로 다짐하고 아래와 같은 세 가지 조건이 충족된 무슬림은 카피르가 아니라고 했다.

(1) 알라와 무함마드를 믿는 자
(2) 꾸란을 알라의 말씀으로 믿는 자
(3) 여섯 가지 믿음(알라, 경전들, 메신저들, 천사들, 최후의 날, 운명론)과 다섯 가지 실천 사항(신앙 고백, 기도, 금식, 종교 구빈세, 순례)을 지키는 자

그러나 타크피르 문화는 금방 종식되지 않았고 자격이 부족한 무슬림들이 파트와를 남발하여 이슬람에 대한 세계인들의

이미지가 부정적으로 흘러갔다. 그러자 2009년 사우디아라비아 메카에서 이슬람 학자들이 모여 다시 41조로 된 파트와 헌장(알라의 명령이나 종교의 법을 분명하게 설명하는 직책을 감당하는 자를 무프티라고 하고, 무프티가 설명한 율법적 판단이나 무프티의 답변을 파트와라고 한다)을 발표했다. 이 회의에서 극악무도하게 이슬람 율법을 어기지 않는 한 그를 함부로 카피르라고 부르지 말자고 했고, 어떤 법적 판단이 필요할 때 이슬람 법정 밖에서 법률적 판단을 하지 못하게 했다. 파트와 헌장 8조는 "파트와를 선언할 수 있는 학자는 이슬람을 잘 알고 정의와 지성을 갖춘 성인이며 이슬람 율법과 이즈티하드(어떤 법적 증거로부터 새로운 실질적인 법을 도출해 내는 것)에 정통한 자이어야 한다."라고 했다.

세상은 변하고 인간의 생활도 시간과 장소에 따라 변한다. 그리고 매일 새로운 일들이 일어난다. 이런 새로운 것에는 고전적 이슬람 율법에 따른 법적 판단이 이루어지지 못하는 경우가 많다. 이때는 이즈티하드를 통하여 법적 판단을 내린다. 예를 들면 술이 몸과 정신을 해롭게 하는 것처럼 마약도 그러하기 때문에 마약을 금한다고 판단하는 것이 이즈티하드이다. 즉 이즈티하드는 꾸란이나 순나나 만장일치와 같은 이슬람 율법적 근거로부터 새롭고 실제적인 이슬람 율법적 판단을 이끌어 내는 것을 의미한다. 이즈티하드를 할 수 있는 사람을 무즈타히드라고 한다. 무즈타히드는 무슬림이어야 하고 아랍어와 꾸란, 순나, 만장일치, 법의 원리에 정통하고 바른 이해력을 가졌으며 알라에게 헌신한 자이어야 한다.

이슬람 율법과 삶

　2009년 10월 26일 「알아흐람」 신문은 이슬람식 청결(이슬람이 규정한 방법대로 손과 발, 얼굴을 씻음)을 행하지 않고 꾸란을 읽을 수 있는지를 물었다. 이집트의 무프티 알리 고마는 이슬람식 청결을 행하지 않고도 꾸란을 읽을 수 있으나 꾸란의 와끼아 장(56장) 79절에 따라 꾸란을 만져서는 안 된다고 했다. 이것이 이슬람 율법이다. 꾸란은 "깨끗한 사람이 아니고서는 그것을 만지지 마라(수라 56장 79절)."라고 했다. 여기서 깨끗한 사람이란 청결한 몸을 가진 사람이라는 뜻이다. 그러나 모든 무슬림이 깨끗한 손으로 꾸란을 만지는 것은 아니다. 여기에 꾸란의 율법과 실제 무슬림의 삶이 드러내는 차이가 있다.

　가령 이슬람에 종교의 자유가 있다고 한다면 그것의 법적 근거는 이슬람 율법과 민법(세속법)에서 서로 다르게 작용한다. 이슬람 율법에서 종교 자유는 시공간과 상황에 따라 절대 불변하는 꾸란과 하디스에 근거를 두고 있기 때문에 모든 사람을 이슬람으로 초대하는 일을 절대 포기할 수 없다. 하지만 그래도 이슬람을 믿으라고 강요해서는 안 된다. 이에 비해 민법에서 종교 자유는 헌법과 국제 협약 등을 따르므로 시대, 국가, 시간, 장소 등에 따라 달라질 수 있다. 이런 까닭에 이슬람 사회에서는 세속법(민법)과 이슬람 율법 사이에 긴장이 흐른다. 이집트, 인도네시아, 파키스탄, 모로코 국민의 71퍼센트는 이슬람 율법의 엄격한 시행을 요구하기도 했다.

대체로 이슬람 국가의 지도자들은 이슬람의 이데올로기적 환상을 정치나 사회 속에 구현해 보려는 이슬람주의자를 배격하고 소위 온건 노선을 추구한다. 그러나 '온건'과 '과격(급진)'은 상대적인 개념이다. 팔레스타인의 하마스가 아프가니스탄의 알카에다에 비해 온건하다고 할 수 있지만 알카에다는 이집트의 무슬림 형제단보다 더 과격하다.

근래에 이슬람 국가에서 무으민(믿는 자)과 무슬림(복종하는 자)의 구분이 희미해져 가는 것 같다. 시리아 출신 무함마드 샤흐루르(1938~)는 알라 이외에 신이 없다고 고백해야 무슬림이 되는 것이고 무함마드가 알라의 메신저라고 고백해야 무으민이 된다고 했다. 그러나 일반적으로 무으민은 더 특별하고 무슬림은 더 일반적이다. 그래서 모든 무으민은 무슬림이 될 수 있으나 모든 무슬림이 무으민이 될 수 있는 것은 아니다. 만일 어떤 사람이 이슬람 신앙을 갖고 있는데 그가 도둑질을 했다면 그는 이제 무으민은 아니지만 무슬림으로서 이슬람 커뮤니티에 남아 있을 수는 있다.

믿음은 마음속에 있고 이슬람은 겉으로 드러난 행위이다. "세상에는 무슬림은 있어도 이슬람은 없다."라는 말이 있는데 그 말은 이슬람 율법대로 사는 무슬림들이 없다는 것이다. 요르단 대학교 이슬람 학자 암자드 꾸르샤는 다들 이슬람을 믿는다고 말은 하는데 이슬람 율법대로 제대로 살아가는 무슬림이 거의 없다고 했다. 이슬람 세계에서는 이슬람 율법이 강화되기를 바라는 일부 무슬림들의 불만이 커져 가고 있다. 국가마다 차이는 있지만 이집트 무바라크 대통령은 오늘날 일부 무슬림들이 무식하고 종교적 문맹, 맹목적인 격분, 집단주의, 분리와 과격 등의 성향을 띠고 있다고 보고, 앞으로는 이슬람이 중도, 중용, 정의, 평등, 기본권을 존중하는 종교라는 것을 보여 줄 때라고 했다.

아랍 무슬림 대학생에게 한국 사람이 이슬람 국가에 오면 무엇을 유의해야 하는지 물어보았더니 '앗살라무 알라이쿰(안녕하세요).'이라는 인사말 정도만 하면 되지 않겠느냐고 되물었다. 그런데 이슬람 율법을 요르단이나 이집트보다 더 보수적으로 시행하는 사우디아라비아의 고등학교 하디스(무함마드 언행록) 교과서에는 '앗살라무 알라이쿰'은 무슬림들끼리의 인사말이므로 절대 비무슬림에게 이 인사말을 사용하면 안 된다고 쓰여 있다. 마치 말레이시아의 무슬림들이 '알라'라는 단어는 오직 무슬림들의 고유 어휘이니 다른 종교에서는 절대 사용하면 안 된다고 주장하는 것과 흡사하다. 사우디아라비아의 교과서에는 만일 비무슬림이 "앗살라무 알라이쿰."이라고 인사를 하면 "와알라이쿠(당신도 안녕)."라고 짧게 얼버무리라고 가르쳤다. 그러면서 "무함마드가 길가에서 카피르(이슬람 율법을 거부하는 사람)를 만났을 때 끝까지 그와 인사말을 나누지 않았다는 하디스에 근거한다."라고 덧붙였다. 이러한 사우디아라비아의 교과서는 사우디아라비아 무슬림들만의 고유한 종교 문화적인 틀과 가치관을 형성해 왔다. 그러나 요르단 사람들은 사우디아라비아 이슬람이 이슬람의 정도에서 벗어나 있다고 단호하게 말하고 그렇기 때문에 9·11 테러범의 대부분이 사우디아라비아 출신이라고 했다. 요르단 압둘라 국왕은 2009년 11월 11일 「알하야」 편집장과의 인터뷰에서 "지금 우리의 치안은 빨간불이다. 모든 아랍 무슬림들이 타크피르(상대를 카피르로 몰아 살해하는 짓) 문화에 중독되었다. 이제 요르단은 이데올로기적으로 그리고 문화적으로 대응해야 할 때이다."라고 했다.

메카 순례

이슬람에서 핫즈(순례)의 달에 바이트 알라 알하람(카아바 신전)을 방문하는 것을 순례라고 한다. '바이트 알라'라는 말은 알라의 집, 즉 메카의 카아바 신전을 가리키고 메카를 순례하는 순례객들은 '두유프 알라흐만(알라의 손님들)'이라고 한다. 알라흐만은 알라의 99가지 이름 중 하나이다. 매년 이슬람력 12월 알라의 손님들은 메카의 카아바 신전을 방문하는데, 알라의 집에 가면 그가 지은 죄가 없어지고 혹시 메카 순례 중에 죽으면 곧장 파라다이스로 간다고 믿는다.

이슬람의 순례는 이슬람의 다섯 가지 기둥[신앙 고백, 기도, 종교 구빈세(자카), 금식, 순례] 중 하나이다. 순례는 이슬람의 완성이라고도 한다. 순례 중에 몸으로 드리는 예배, 말로 하는 예배 등 모든 종류의 예배가 거행되고 기도, 사다까(자발적인 헌금), 대속(금식을 못했을 때 나중에 벌충함), 서원, 꾸란 낭송, 알라의 이름 음송, 간구(두아) 등이 포함되므로, 순례 이외에 이슬람의 완결판을 보여 줄 수 있는 다른 방법이 없다고들 한다. 순례의 역사는 매우 오래되었는데, 7세기 이슬람이 시작되기 전부터 메카에는 순례객들이 있었다.

이집트의 무프티 알리 고마는 세상에는 무함마드의 초대에 응답한 민족(움마 이자바)과 포교받을 민족(움마 다아와)이 있다고 말했다. 그러면서 전자는 알라를 믿고 무함마드의 부름에 응답한 민족을 가리키고, 후자는 이슬람을 믿도록 포교를 받아야 할 사람들이라고 구분했다. 그는 만일 무슬림이 메카로 순례를 하면 알라는 그 무슬림을 하얀 종이로 되돌아가게 한다고 했다. 하얀 종이로 돌아간다는 말은 순례를 하는 무슬림이 순례 전까지 지었던 죄를 알라가 용서해 준다는 뜻이다.

순례의 달이 아닌 때에 메카를 순례하는 것을 소순례(오므라)라고 하는데 샤피이파(순니의 4개 법학파 중의 하나)는 이 소순례도 대순례(핫즈)와 동일하게 무슬림의 의무 사항으로 규정했다. 매년 이슬람력 12월에 가는 대순례에는 올바른 순례 의식과 순례 중 지켜야 할 일 등 두 가지 조건이 있다. 이슬람의 정신에 합당하고 순례 시기가 맞아야 올바른 순례가 된다. 여기서 무슬림이 지켜야 할 일이란 사춘기(14~20세)에 이르지 않은 청소년과 월경 기간 중의 여성이 순례에서 제외되는 것을 말한다. 순례는 정신 이상자에게는 허용되지 않고, 순례자에게는 순례를 다녀올 수 있는 충분한 경비가 있어야 한다. 순례 중 간구하는 모든 무슬림들은 선행을 하고(쌀라흐), 그들의 죄가 용서받도록 기도한다. 이런 순례는 알라에게 순종하게 만들 뿐 아니라, 무슬림 사이에 형제애를 쌓기에도 아주 좋다. 좋을 때나 나쁠

때나 항상 서로를 돕는 법을 배우는 것이다.

무슬림들에게 순례는 순종과 타끄와(알라를 두려워하는 것)를 증진시키는 의식이다. 순례 전에 모든 무슬림은 먼저 손톱과 발톱을 깎고, 덥수룩한 머리카락은 단정히 이발하고 콧수염은 짧게 자른다. 그리고 목욕을 한 다음에 향수를 바르고 나서 순례복을 입는다. 무슬림이 순례를 하려면 "랍바이카 알라훔마 랍바이카 비핫즈(알라여! 명하신 대로 당신께 왔습니다. 순례하고자 당신에게 왔습니다)."라고 말한다. 순례의 의향을 선언하고 나서 순례복 차림으로 두 번 라크아(메카를 향하여 기도의 의향을 정하고 허리를 굽히고 엎드린 다음 다시 원래 서 있는 위치로 돌아오는 일련의 동작)의 기도를 하는데, 이때 꾸란의 109장(알카피룬)과 112장(알이클라스)을 암송한다. 그리고 알라에게는 동반자(샤리크)가 없으니 오직 알라에게만 감사와 은혜가 있다고 말한다. '평화의 문'을 통하여 메카의 대사원(알마스지드 알하람)에 들어가면 사탄으로부터 보호해 달라고 알라에게 간구한다. 그리고 "나의 죄를 용서하여 달라."라고 하고 "알라의 '자비의 문들'을 열어 달라."라고 한다. 카아바 신전 안에 있는 검은 돌에서 시작하여 일곱 차례 카아바 신전 주위를 돌아야 하는데 만일 사람이 너무 많아서 이 검은 돌에 입을 맞추지 못할 경우에는 그쪽을 향하여 키스 표시만 한다. 그리고 "알라를 믿고 그의 책을 신뢰하며 알라의 예언자 무함마드를 따른다."라고 고백한다.

그런데 대부분의 이집트인들은 순례자들이 순례하는 법, 순례 의식, 순례 예절을 잘 모르고 호텔과 교통수단에만 관심을 둔다고 꼬집는다. 가령 순례 중 무즈달리파에서 하룻밤을 묵어야 하는데 교통편 때문에 대다수가 이 의무 사항을 지키지 않는다. 그러므로 아라파트, 미나, 사파와 마르와에서 할 일을 자세히 설명해 주는 종교 안내인(무르시드 디니) 혹은 설교자가 필요하다는 주장이 제기되곤 한다.

이슬람 전설에서 메카의 카아바는 이브라힘과 관련되어 있다. 이브라힘이 76세이고 그의 부인 사라가 67세일 때인 기원전 1871년 세누스레트senusret 3세 파라오(기원전 1978~기원전 1839 재위) 시기에 이브라힘과 그의 부인이 이집트로 왔다. 이브라힘은 아몬Amon 제사장이 있던 사이드(이집트 남부) 지방으로 갔고 이집트에서 5년간 살다가 이스라엘의 헤브론으로 돌아갔다. 이집트 통치자는 그에게 재물과 가축을 선물로 주었고 사라에게는 그의 하녀로서 하자르(꾸란에서는 이 이름이 등장하지 않는다)를 선물로 주었다. 헤브론에서 사라는 하자르(성경에서는 하갈이라고 함)를 이브라힘과 동침하게 했고 이로 인하여 아랍의 아버지(아부 알아랍)라 불리는 이스마일을 낳는다. 이슬람 전설에 따르면 이브라힘은 한 살이 된 아들과 하자르를 데리고 헤브론을 떠나 알히자즈(메카와 메디나가 위치한 지역)로 간다. 물론 성경에는 아브라함이 메카를 방문했다는 기록은 없다. 이브라힘은 지상에서 처음으로 메카에 '알라의 집'을 짓는다. 무슬림들은 이곳이 여러 종교들의 완결판(카팀 알아드얀)으로서 이슬람의 메카가 된다고 했다. 이브라힘은 아들과 하자르를 그곳에 남겨 두고 가나안 땅으로 돌아갔다. 바로 이것이 순례자들이 방문하는 카아바에 얽힌 이야기다.

2009년 11월 말 사우디아라비아 메카 순례에는 200만 여 명이 참여했다. 순례는 무슬림들이 알라에게 가까이 다가가고 죄를 용서받고 이브라힘을 기념하는 것이다. 이렇게 많은 무슬림들이 한꺼번에 메카에 모이다 보니 개인 간의 법적인 문제가 생기기도 한다. 그래서 이를 돕기 위하여 미나, 무즈달리파, 아라파트 지역에 10개의 법률 상담소가 설치되어 순례 중 일어나는 민형사 문제들의 법적 자문을 해 주었다.

이슬람력 12월 9일에는 카아바 신전의 옷을 입히는 의식이 진행되었다. 신전 덮개를 씌울 천은 14미터 높이의 흑색 순 비단인데 2,000만 리얄(사우디아라비아 돈)을 지불하여 준비했다. 오바마 미국 대통령은 희생절을 맞아 전 세계 무슬림들에게 "메카 순례로 세계의 세 종교들이 아브라함에 뿌리를 두고 있음을 기억하는 계기가 되기를 바란다."라는 축전을 보냈다. 그러나 오바마도 이슬람의 경전 꾸란을 정확히 읽어 보지 않은 것 같다. 사실 아랍어 꾸란을 읽어 보면 이브라힘(아브라함이라고도 함)은 유대교인도, 기독교인도 아니고 하니프(꾸란 3장 67절)라고 했다. 이슬람과 꾸란에 의하면 이브라힘은 오직 무슬림일 뿐이다.

이집트인 사미야 박사는 메카 순례가 습관적 행사가 아닌 예배가 되어야 하며 "알라에게 다가간다(타까룹 일랄라)."라는 핑계로 순례를 타성적으로 다녀와서도 안 된다고 했다. 상당수 무슬림들이 순례를 다녀오면 심리적으로 안정된다고 말하며, 심지어는 자랑하려고 10번이나 다녀온 사람들도 있다. 이집트

아시유트 시에서 드롱카(예수가 피난한 곳)로 가는 길에는 메카 순례를 다녀온 무슬림들이 자기 집 앞 담벼락에 '메카 순례'라는 단어를 큰 글씨로 써 놓은 것이 보인다. 메카 순례가 시골에서는 큰 자랑거리인 것이다. 그런데 요르단의 시골에는 이런 표시가 없다. 또, 신장과 간염 치료에 실패한 사람들이 메카 순례를 가면 낫는다는 말도 있다. 그러나 이슬람 학자들은 메카 순례를 통하여 심리적, 정신적 즐거움을 얻으려 하기보다는 종교적 의식과 의례를 더 잘 지키려는 뜻을 세워야 한다고 말한다.

일부 이집트 무슬림들은 메카 순례를 순전히 종교적인 면으로만 볼 것이 아니라 이집트 국민의 경제적인 손실이 얼마인지까지 생각해 보아야 한다고 말한다. 2008년 이집트인들이 순례에 쓴 돈이 150억 파운드(25억 달러)였는데 이 금액은 3만 개학교를 세우고 교사들에게 매달 500파운드의 봉급을 줄 수 있는 돈이다. 반면 이집트인 근로자들이 사우디아라비아에서 일하고 나서 송금한 금액은 9억 5,900만 달러밖에 안 된다. 사우디아라비아에 나간 이집트 근로자들이 송금한 금액보다 이집트인들이 사우디아라비아 순례를 통하여 사우디아라비아와 여행사에 소비한 돈이 더 많은 것이다. 사우디아라비아는 국가총 수입의 20퍼센트가 순례객들이 뿌리고 간 돈이라고 했다.

이집트인들이 1967년 6월 전쟁[2]에서 이스라엘에게 패배한 후, 이집트는 1979년에 사우디아라비아와 외교 관계를 단절했고, 1986년 다시 관계를 정상화해 오늘에 이르고 있다. 이집트 정부는 1967년 6월 전쟁에서 이스라엘에게 패배한 치욕감을 지우기 위하여 국민들에게 메카 순례 붐을 일으켰다. 이집트인들이 메카 순례를 하는 동안 메카에서 이집트인들이 소비한 돈은 엄청났다. 그리고 사우디아라비아는 이집트와 기타 이슬람 국가에서 온 순례객들이 메카에서 뿌린 돈을 사우디아라비아 경제를 일으키는 데 사용했다.

세월이 흐르면서 아랍 민족주의를 부르짖던 시리아와 이라크의 바스당(사회주의 정당)과 이집트의 나세르가 주도한 민족주의 리더십은 점차 약화되었고 그 대신 중동 지역에서 와하비즘(18세기 사우디아리비아의 무함마드 븐 압드 알와합의 개혁 부흥 운동)과 살라피(무함마드의 동료와 그의 제자들의 삶의 방식을 따르는 사람들) 그룹의 영향력이 점차 강화되기 시작했다. 아랍 민족주의 실패의 빈 공간에 정치적 문화적 반작용으로 '이슬람 의식화(싸흐와 이슬라미야)'라는 기치를 내걸고 등장한 와하비즘과 살라피 운동은 처음에는 별로 두드러지지 않다가 곧 상승세를 탔다. 이집트 공화국의 두 번째 대통령 가말 압델 나세르(1918~1970)의 서거 이후 사우디아라비아의 정치 경제적 영향력은 눈에 띄게 증대되었다. 사우디아라비아의 자금이 이집트 이슬람 종교 단체와 알아즈하르 대학교에 재투자되었고, 이집트의 종교, 정치, 사회 운동에서 와하비즘과 살라피 운동의 영향력을 증대시켜 주는 계기가 되었다. 이것이 바로 정치적 이슬람 운동이었다.

율법과 금식

무슬림들의 사회생활 속에서 이슬람 율법이 가장 잘 두드러지는 것이 이슬람의 명절(희생절과 금식 종료절) 때다. 초승달이 뜨면 전 세계 무슬림들은 금식[3]을 시작한다. 이슬람력 9번째 달을 '라마단 달'이라고 하는데 이 달에는 해가 떠 있는 동안에 물과 음식을 입안에 넣는 것을 금하고 부부관계도 낮 동안에는 금한다. 심지어 침도 식도를 통해 넘기지 말고 담배도 피우지 말라고 했다. 그러나 무슬림 중에는 라마단 달 대낮에 담배를 피우는 사람이 있고 침을 목구멍으로 삼키는 사람도 많다.

라마단이 시작되려면 초승달을 육안으로 식별해야 한다. 이슬람 국가마다 달이 뜨는 시간이 다른데 천문학의 도움을 빌려 초승달이 뜨는 대략적인 시간을 알아내더라도 정작 최종 결정은 사람의 육안으로 해야 한다. 꾸란 2장 185절에는 "너희들 중에 육안으로 본 자가 있으면……"이라고 하여 육안 관찰을 중시했다. 이슬람에서 인간의 눈은 지식을 얻는 수단으로 간주되었다. 그래서 오늘날 제아무리 천문학이 발달하여 초승달이 뜨는 시각을 손쉽게 알 수 있더라도 육안으로 이를 다시 관찰해야 한다.

이집트는 다른 이슬람 국가와 다르게 파누스(놋쇠로 만든 등잔. 파띠마조 때부터 전통적으로 전해 내려왔다고 한다) 등불을 밤새 집 밖에 켜 두어 라마단의 기쁨을 표시한다. "명절에 성묘 가기"라는 제목의 글이 이집트 「알아흐람」 신문에 실린 적이 있다. 이집트인들은 이슬람의 주요 명절 이드 알피뜨르(금식 종료절), 이드 알아드하(희생절)와 무함마드 탄신일 그리고 라잡(이슬람력 일곱 번째 달) 1일에 조상의 묘를 찾는다. 그런데 알아즈하르 대학교 싸브리 압드 알라우프는 "무함마드가 말하기를 내가 너희들에게 묘소를 방문하는 것을 금했다. 그런데 이제는 방문하라."라고 하였다는 말을 인용한다(『알아흐람』, 2009년 9월 19일자). 원래 이슬람 이전의 관습에 따르면, 아랍인들이 성묘를 가서 이슬람 율법에 어긋나는 일을 하던 시기에는 성묘를 금했다. 예를 들어 이슬람 이전 시대에는 아랍인들이 성묘를 가서 자신의 뺨을 때리고 여성은 슬픔의 표시로 옷의 앞부분을 찢는 등 알라를 노엽게 하는 일들을 해 댔다. 그러나 이슬람을 믿고 난 뒤에는 무덤에 앉아 먹고 마시고 화장도 하지 않는다는 조건하에 성묘가 허용되었다. 오늘날 이슬람 학자들은 이슬람 명절은 사람들을 찾아가서 기뻐하고 즐거워하는 날이지, 묘소에 가서 슬퍼하는 날이 아니라고 강조한다. 명절은 서로에게 사랑과 우애를 확인하고 알라가 명한 대로 가족 중 여성들을 돌아보는 날이다. 이슬람 명절과 무함마드 탄신일, 아슈라(이슬람력 첫 번째 달 제10일), 라잡 1일은 묘소에 가서 슬퍼하는 것보다 기뻐하고 행복해하는 날이어야 하고, 죽은 자보다 산 자를 더 살피는 날인 것이다.

알아즈하르 대학교의 파르하트는 알라가 무슬림들에게 두 가지 명절(이드 알피뜨르, 이드 알아드하)을 주었다고 말한다. 명절에는 몸을 씻고 가장 좋은 옷을 입어야 한다. 이드 알피뜨르에는 기도를 늦추어도 되는데 그 이유는 종교 구빈세를 빠뜨리지 않도록 하기 위함이다. 다시 말하면 종교 구빈세를 먼저 내고 이드 알피뜨르 명절을 맞이하게 한 것이다. 무슬림은 자신의 재산에 대한 종교 구빈세 이외에 라마단 달에도 종교 구빈세를 낸다. 2009년, 한 이집트 무슬림이 낼 라마단 달 종교 구빈세는 우리 돈으로 500원 정도였다.

이드 알아드하 때에는 무슬림들이 짐승을 잡아 요리하기 전에 기도를 먼저 하게 하지만 이드 알피뜨르 때에는 기도하러 가기 전에 대추야자를 먼저 먹는다. 이드 알아드하(희생절) 때에는 도살한 고기를 먹으려면 먼저 기도를 해야 했다. 그리고 모스크에서 돌아올 때에는 갈 때 간 길이 아닌 다른 길로 돌아오게 해서 여러 사람들과 명절의 기쁨을 나누게 했다.

이집트에서는 라마단 달이 끝나고 3일간 이드 알피뜨르 연휴를 가졌다. 이드 알피뜨르는 무슬림들이 라마단의 금식을 마쳤으니 이제는 배고픔과 갈증의 고통에서 해방되었다고 기뻐하는 의미가 아니다. 그보다는 매년 금식을 함으로써 알라의 명령에 순종했다는 것이 더 중요하다(「알아흐람」, 2009년 9월 21자).

2010년 라마단 달 동안 이집트 모스크에서는 낮에 에어컨을 켜지 못하게 했다. 일부 무슬림들이 낮 시간에 모스크 안에서 쉬는 것을 방지하기 위함이었다. 그리고 아랍에미리트에서는 2010년 라마단 달 근로자들이 너무 더워서 금식을 계속할 수 없을 때 금식을 하지 않아도 된다는 파트와를 발령했다. 이슬람 학자들은 이런 금식은 특별히 라마단 달에만 있는 것이 아니고, 1년 내내 금식을 해야 한다고 강조했다. 또 라마단 금식을 마치고 친척을 방문하는 것을 아랍어로 '씰라트 알라흠'이라고 하는데 이것은 아버지와 어머니 쪽 가족들을 찾아보는 것으로, 가까운 친척을 방문하고 문안한다.

2009년 9월 라마단 기간에는 '자카 알가리민(벌금형을 받은 사람을 위한 종교 구빈세)'에 참여하여 달라는 광고가 신문에 여러 번 실렸다. 1만 파운드 정도의 벌금형을 받고 그 벌금을 못 내서 옥살이를 하고 있는 무슬림을 옥에서 꺼내 주자는 광고였다. 그 광고 옆에는 벌금을 갚아 주는 일이 알라의 책에도 나오니 많이 동참해 줄 것을 호소하는 문장이 실렸다.

그러나 2009년 10월 이집트에서는 종교 구빈세로 낸 돈으로 경제적 능력이 없는 청년들을 도와주는 것이 이슬람 율법적으로 가능한지에 대한 논란이 있었다. 이집트 다르 알이프타(파트와를 발행하는 기관)는 개인, 회사, 자선 단체가 경제적 능력이 없어 혼인을 못하는 청년들에게 재물이나 물건 등의 종교 구빈세를 희사해도 이슬람 율법적으로 하자가 없는지에 대하여 이슬람 학자들의 중지를 모았다. 원래 이슬람 율법에 따르면 종교 구빈세는 가난한 사람에게 희사할 수 있다. 이 때문에 이를 확대해석하면 결혼 비용이 없어 혼인을 하지 못하는 예비 신랑들에게 종교 구빈세로 낸 돈을 주는 것은 합법적이다.

그 한 예로 오마르 븐 압드 알아지즈가 사람들에게 다음과 같이 말했다는 일화가 이슬람 역사에 전해진다. "어렵게 사는 사람(미스킨)이 어디 있느냐? 벌금을 못 낸 사람이 어디 있느냐?

결혼할 사람이 어디 있느냐?" 이들은 무슬림들의 바이트 알마
알(무슬림들의 종교 구빈세 및 상속자가 없는 재산을 기부받는 부서)에서
돈을 지급받을 사람들이다. 그러나 이집트 다르 알이프타는 경
제적 능력이 없는 청년들에게 종교 구빈세의 일부 금액을 주어
서 그들이 혼인하도록 하자는 측과 종교 구빈세를 혼인 비용으
로는 줄 수 없다는 측으로 나뉘어 팽팽하게 서로 맞섰다. 그래
서 이 문제가 이슬람 법리 연구 위원회로 이첩되었고, 마침내
충분한 의견 교환을 거쳐 나중에는 "불가하다."라는 파트와를
내놓았다. 다만 결혼할 청년이 가난하거나(파끼르) 어렵게 사는
사람(미스킨)이라면 그가 혼인하는 데 종교 구빈세를 사용하는
것은 무방하다고 덧붙였다.

　과거에도 이슬람 법학파들은 결혼 자금이 없어 혼인을 하지
못하는 사람에게 종교 구빈세를 주는 것이 '알라를 위한 일(피
사빌 알라)', 즉 알라와 이슬람을 위한 일이냐고 물었다. 중세 이슬
람 법학자 알샤피이는 오직 알라를 위한 일은 지하드인데 지하
드를 하거나 이를 준비하는 경우에만 종교 구빈세의 재물을 사
용하도록 용도를 제한했고, 하나피파의 아부 하니파는 반대로
이를 확대하여 만일 무슬림들에게 유익을 주는 일이라면 종교
구빈세를 사용할 수 있다고 했다. 그런데 이를 다시 해석한 후
세 학자들은 종교 구빈세의 유익을 받을 사람들 중에 아직 혼
인을 하지 못한 사람은 포함되지 않는다고 했다. 앞서 말한 오마
르 븐 압드 알아지즈도 '결혼할 사람'이란 말을 '어렵게 사는 사
람'과 '벌금을 못 낸 사람' 이후에 언급했으므로 그 중요성에서

떨어진다는 쪽으로 의견을 모았다(「알아흐람」, 2009년 10월 29일자). 같은 해 10월 이집트의 이슬람 연구원에서도 "자카(종교 구빈세)를 미혼 남성의 결혼 자금으로는 쓸 수 없다."라는 파트와를 냈다. 또 혹시 결혼 비용을 후원하는 사람일지라도 이 후원금을 자카라고 불러서는 안 된다고 했다.

이슬람 국가들은 라마단 달 동안에 소비하는 식품이 평소보다 몇 배 더 많이 소비된다는 것을 알고 라마단 달이 시작되기 전부터 각종 식료품들을 다량 수입하여 비축했다. 2009년 이집트 신문 「알아흐람」은 라마단 달에 이집트인들이 하루에 10억 파운드(2,230억 원) 어치의 식품을 소비한다고 발표했다. 본래 라마단 달에는 해가 떠 있는 동안에 먹거나 마시거나 부부관계를 하지 못하지만 해가 지면 가능하다. 그래서 라마단 달이 되기 얼마 전부터 물가가 오르기 시작한다. 무슬림들은 사설과 논평을 통하여 "라마단 달은 먹고 마시는 데 그 목적이 있는 것이 아니라 예배와 회개함으로 알라를 찾는 달"이라고 선전하고 1년 내내 라마단 달처럼 예배에 열심히 참여해야 한다고 강조한다. 그러나 모든 무슬림들이 경건하게 라마단 달을 보내는 것은 아니다. 많은 무슬림들이 텔레비전의 '라마단 드라마' 홍수에 푹 빠져 있기 때문이다.

그렇다면 라마단이 무슬림에게 왜 중요한가? 첫째, 라마단 달 27일 꾸란이 처음으로 내려왔다. 둘째, 꾸란에 '라마단'이라는 단어가 등장하는데, 무슬림들은 라마단 달은 용서받는 달이라고 믿는다. 무슬림들이 꾸란 다음으로 중요하게 믿는 하디스에는 "라마단에 금식을 하면 무슬림이 평소에 지은 죄가 용서받는다."라고 쓰여 있다. 셋째, 꾸란 구절에는 라마단 달 중에서 천명의 밤(라일라 알까드르)에 기도하는 것이 천 개월 동안 기도하는 것보다 더 낫다(수라 97:3)고 했다. 라마단 달의 하순, 즉 라마단 달 마지막 날부터 거꾸로 10일간은 무슬림에게 운명의 밤이다. 하늘의 문이 열려 천사가 내려오므로 이 기간에 무슬림이 드리는 기도에는 응답이 있다고 믿는다. 하디스에는 "라마단 달이 되면 잔나(파라다이스)의 문들이 열리고 지옥의 문들이 닫히며 사탄들이 묶인다."라고 말한다. 넷째, 라마단 달에 무슬림이 금식을 하면 알라가 자비와 좋은 일들을 베풀어 준다고 믿는다. 이슬람에서 금식은 인간 육체의 훈련을 통하여 자신의 육체가 고통 받을 때 다른 사람들의 고통을 알게 된다는 취지[4]이다.

그런데 이슬람 학자들은 이구동성으로 이제는 참다운 이슬람의 정신을 무슬림들에게서 찾아보기 어렵게 되었다고 말한다. 많은 무슬림들이 이슬람 율법을 잘 지키지 않기 때문이라는 것이다. 라마단 달이면 이슬람 국가들은 평상시 8시부터 3시까지인 근무시간을 9시부터 2시까지로 단축한다. 요르단 중앙은행은 근무시간을 8시 30분부터 오후 2시까지로 정했다. 각 학교의 수업 시간도 라마단 달에는 10분씩 줄어들고 기업체는 평상시보다 1시간 일찍 문을 닫는다. 라마단 달에는 많은 사람들이 일을 하지 않는 것을 당연한 사실로 받아들인다. 그래서 외국인들은 라마단 달에 이슬람 국가를 여행하기도 어렵고 일 처리도 쉽지 않다. 이집트는 2010년 서머타임을 라마단 달 기간

(2010.8.11~2010.9.9)에 해제했다.

율법과 파트와

대부분 무슬림은 어떤 일이 일어났을 때 이슬람 교리와 이슬람 율법의 내용 그리고 특정 상황에서 무슬림이 어떻게 행동해야 알라가 이를 받아 주는지를 알고 싶어 한다. 보통의 무슬림들은 심리적 안정을 얻기 위하여 쉐이크(종교 지도자) 한두 명을 찾아가 자신의 행동에 대한 알라의 말이 무엇인지 설명을 요청하고 그의 파트와를 묻는다. 그런데 이런 방문으로 자신의 행동에 대한 의문이 해결되기보다는 오히려 상반된 파트와 내용 때문에 더 큰 혼란에 빠지는 경우도 있다. 그래서 이슬람 국가마다 공식적인 다르 알이프타(파트와를 공식적으로 발행하는 기관. www.dar-alifta.org)를 설치하고 파트와 남발을 규제하고 있다. 하지만 모든 무슬림들이 다르 알이프타를 통해서 자신의 특정 문제에 대한 해답을 얻는 것은 아니다. 오히려 무슬림들은 어떤 문제가 생겼을 때 얼른 인터넷을 켜서 자신의 특정 문제에 해당되는 파트와들을 찾는다. 그리고 본인의 입맛에 맞는 파트와를 고른다. 그런데 문제는 자격이 부족한 무프티가 발행한 파트와가 인터넷상에 많이 유포되면서 많은 무슬림들을 혼란에 빠뜨렸다는 점이다. 즉 정확하지 않은 파트와가 무슬림들의 이슬람법적 판단을 흐리게 하여 여러 사회적 문제를 일으키고 있다.

그러면 해당 파트와가 올바른 파트와인지 아닌지 어떻게 알

수 있을까? 알아즈하르 대학교 이슬람 율법 대학에서 비교법을 가르치는 하산 후프니는 "파트와(무프티의 법적 견해)는 까다(판사의 판결문)와 형제간"이라고 했다. 이 둘 다 알라의 판결을 설명하는데, 까다의 법은 세상에서 반드시 집행되어야 하나 파트와는 법 집행이 강제 사항은 아니라는 것이다. 까디(판사)와 무프티(파트와를 발령하는 자)는 이슬람 법적 판결에 대한 내용을 잘 알고 있어야 하고, 이즈티하드가 필요한 판결에서는 이즈티하드를 잘 해내야 한다.

이즈티하드에는 다음 세 가지가 있다. 첫째, 이즈티하드 무뜰라끄(독자적인 이즈티하드)인데 이것은 모든 샤리아의 항목에서 법률적 판단을 도출해 낼 수 있는 능력을 충분히 갖고 있는 사람이 내놓는 이즈티하드이다. 그 예로는 아부 하니파의 이즈타히드를 들 수 있다. 둘째는 이즈티하드 알마드합이다. 이즈티하드 알마드합은 그가 속한 법학파의 이맘(종교 지도자)이 결정한 파트와들 중에 나오지 않는 사례에 대하여 스스로 법적 판결을 내릴 수 있고, 해당 법학파에 속한 법학자들로부터 배운 울라마(학자)들이다. 그 예로 샤피이파의 쉐이크 알가잘리가 있다. 셋째로는 이즈티하드 알파트와인데, 어느 이맘(순니파 무슬림들 중 저명한 법학자)의 말이 다른 이맘의 말보다 더 비중이 있는지 혹은 어느 쪽이 더 나은지를 아는 사람의 이즈티하드이다. 여기에는 이븐 타이미야를 비롯하여 중세와 현대의 이슬람 법학자들이 해당된다.

위 세 가지를 충족시키는 이슬람 학자를 찾기 어려운 오늘날에는 무프티가 이슬람 법적 판결을 하는데, 무프티는 다음과 같은 조건을 갖추어야 한다. 첫째, 꾸란과 순나에 정통한 학자이어야 한다. 그래서 필요할 때 여러 파트와들을 조회할 수 있는 능력이 있어야 한다. 둘째, 사하바(무함마드의 동료)의 말들을 잘 알고 있고 사하바 이후의 학자들이 이즈티하드를 했을 때 그들이 만장일치한 부분과 의견을 달리한 부분들을 잘 알고 있다. 셋째, 유추의 종류와 조건들에 대하여 잘 아는 학자여야 한다.

이상의 기준에 따라 어느 무슬림 법학자이든 이슬람 율법적 지식이 부족하면 파트와를 발행하지 않아야 하는데 사실은 그렇지 않다. 만약 이슬람 율법에 대해 이해가 부족한 무슬림들이 파트와를 발행하면 알라와 무함마드에게 거짓말을 하는 결과를 낳는다. 그리고 거짓말을 하는 자가 갈 곳은 지옥밖에 없다. 그런데도 일부 이슬람 법학자들이 자신의 생각대로 파트와를 발행하여 사회적 문제를 일으키고 있다.

무슬림들은 이슬람 율법(샤리아)이 알라의 법이라고 한다. 그리고 앞에서 살펴본 것처럼 초기 이슬람 법학자, 이들 법학자들에게서 배운 울라마, 중세의 법학자 그리고 현대의 법학자들이 오늘날 이슬람 공동체 문제에 대하여 법적 판결을 해 준다. 이슬람 율법의 법적 근거는 꾸란, 순나(하디스), 만장일치, 유추이므로 어떤 사건에 대한 무프티의 판단은 그가 어떻게 알라의 법과 무함마드의 말을 이해했는지를 보여 준다. 또한 7세기에 전혀 존재하지 않았던 사건에 대한 무프티의 법률적 판단에도 이슬람 율법이 확대된 자신의 견해가 포함된다.

율법과 이성

이슬람 역사를 거슬러 올라가면 철학(이성)과 샤리아와의 관계에서부터 서로 갈등이 있음을 알 수 있다. 혹자는 이 둘 사이에 모순이 있다고 보았고 혹자는 중도적인 입장을 취했다. 아리스토텔레스의 저서들을 해석한 무슬림 철학자 이븐 루쉬드 (1126~1198)는 철학과 샤리아 간에는 상호 관련성이 있다고 결론지었다. 그는 그 증거로서 이성은 알라가 인간에게 준 선물이고 계시는 위대한 신의 선물인데, 이 두 가지 선물이 하나의 원천에서 왔기 때문에 서로 모순되지 않는다고 했다.

이슬람 변증학(일므 알칼람)은 역사적으로 이슬람 교리를 방어하는 데 큰 역할을 했다. 이슬람 철학은 이슬람을 방어하고 이슬람 교리와 관련된 인간의 이론과 사상의 집합체로서 윤리, 수피즘(신비적 방법을 통하여 영혼의 갈망을 추구함), 논리학, 토론 방법, 논증법(경쟁적 토론)을 포함한다. 카이로 대학교 하미드 따히르는 이슬람 철학 연구가 타 종교인과의 토론과 논증에 효과적이라고 강조했다. 이슬람 역사를 되돌아보면 이슬람 사상에 이성적 원리를 제공한 이슬람 변증학이 이슬람 철학의 근간을 이루었다. 오늘날 일부 이슬람 대학의 이슬람 철학과에서는 수피즘, 이슬람 변증학, 이슬람 법학의 원리, 순수 철학 등의 네 가지 과목을 중점적으로 가르친다. 그런데 오늘날 대부분의 아랍 무슬림들은 철학에 큰 관심을 갖지 않는다. 철학은 사고의 자유를 요구하므로 아랍적이지 않다고 생각하기 때문이다. 그들은 철학이 현재 아랍 무슬림이 당면한 문제들을 해결해 주기보다는 오직 철학 관련 책을 읽고 졸업장을 받는 것으로 끝나 버린다고 믿는다.

11세기 이슬람 신학자이었던 알가잘리는 철학을 반박했다. 그는 철학자들이 "세상은 영원하고 창조되지 않았다. 신은 이 세상 물체들의 보편적인 것만을 안다. 인간은 죽고 나서 육체의 부활이 없다."라고 말하기 때문에 그들은 무슬림이 아니라고 규정했다. 1030년 압드 알까히르 알바그다디는 무함마드의 방식과 그의 공동체를 따르는 사람이 무슬림이고, 이스마일파[5]나 무으타질라[6] 신학에 속한 무슬림들은 무슬림이 아니라고 했다. 압드 알까히르 알바그다디가 말한 무슬림이 되는 기준은 다음과 같은데, 이 여덟 가지 중 하나라도 믿지 않으면 무슬림이 아니라고 했다.

(1) 세상은 창조되었다. (2) 창조자는 한 분이고 인간의 속성과 결부되어 있지 않다. (3) 무함마드는 알라가 모든 인류에게 보낸 알라의 예언자이다. (4) 이슬람 율법은 영원히 유효하다. (5) 무함마드의 메시지 전부에는 거짓이 없다. (6) 꾸란이 이슬람 율법의 법적 근거다. (7) 메카의 카아바가 기도의 방향이다. (8) 무슬림은 종교 구빈세를 내고 금식을 하고 순례를 한다.

지금까지 살펴본 것처럼 이슬람 율법은 법의 원리로서 인간이 알라와 어떤 관계를 갖는지를 제도화했다. 하루 다섯 번의 기도와 라마단 달의 금식, 일 년 동안 묵혀 놓은 재산의 2.5퍼센트를 종교 구빈세로 국가와 사회에 지불하는 일, 육체적·경제적으로 허락될 때 메카 순례를 다녀오는 것. 이런 것들이 이슬람이 율법으로 정해 놓은 제도이다.

인간과 인간 :
남성과 여성의 삶과 지위에 관한 율법

여성 폭력

　무슬림 남자는 가장이자 무슬림 여성의 후견인이므로 여성을 남자가 책임진다는 것이 이슬람 율법의 해석이다. 다시 말해 여성은 후견인(아버지, 남편, 그리고 가족 중 남자)에 대한 의무가 있다. 이런 가부장적이고 계층적 관계는 끼와마(권위, 후견)와 따아(순종)에 근거하여 이슬람 율법을 해석한 것이다. 끼와마와 따아의 꾸란 근거는 4장 34절이다. 이 내용을 통해 무슬림 남편은 불순종하는 아내를 때릴 수 있는 권리를 갖는다.

　　"알라는 하나가 다른 하나를 리드하게 만들었으므로 남자들은 여성들에게 권위가 있다. 남자들이 여성들을 위하여 돈을 쓰기 때문이다. 착한 여자는 순종한다. 알라가 지켜 주었기 때문에 여성들은 (남편이 없는 곳에서도 자신의 국부를) 잘 지킨다. 불순종이 염려되는 너의 부인들에게 권면하고(알라의 말을 기억나게 하고) 한 이불을 쓰지 말고(잠자리를 갖지 말고) 그러고 나서 때려라. 만일 아내가 너에게 순종하면 부인이 싫어하는 어떤 일도 힘쓰지 마라. 알라는 지고하시다."

위 꾸란 구절은 하비바 빈트 자이드를 때린 사아드 븐 라비아의 이야기와 관련이 있었다. 아내 하비바가 남편에게 불순종했기 때문에 남편은 그녀를 때렸다. 부인이 자기 아버지에게 이일을 말하니 아버지는 다시 무함마드에게 이 일을 전했다. 이슬람의 예언자 무함마드는 이 부인을 애석하게 생각하여 부인이 남편에게 복수할 수 있도록 허락했다. 그런데 그 지역 남자들이 "이는 부인들에게 우선권을 주는 것이므로 절대로 그렇게 해서는 안 된다."라고 반대했다. 사회적 불안을 염려한 무함마드는 알라가 새로운 구절을 계시했다고 하면서 다른 꾸란 구절을 제시했다. 그것이 꾸란 4장 34절이었는데, 그가 이전에 말한 것과는 다른 내용이었다.

이 구절에 대한 해석에서 몇 가지 논란이 불거졌다. 첫째는 부인을 때리는 것이 목적이 아니라 때리기 전에 미리 권면하고, 또한 같은 이불 안에서 잠자리를 갖지 않는다는 전제 조건이 중요하다는 해석이다. 그 당시에는 부인을 때리는 일이 아주 흔했기 때문에 분명히 알라는 부인을 때리는 것을 제한하기 위해서 이처럼 말했다는 것이다. 두 번째는 꾸란과 하디스에서 부부간의 폭력을 비난하였고(꾸란 30장 21절), 알라는 공의로우시므로 인간이 공의롭지 않는 행동을 하도록 허락하지 않는다는 해석이다. 세 번째, 부인을 때리되 고통을 주거나 때린 자국을 남겨서는 안 된다는 일부 법학자들의 해석이다. 이 구절에 대한 일치된 해석은 아직도 없다. 그러나 확실한 것은 남편이 권위를 독점하고 부인은 순종해야 한다는 틀 안에서 꾸란 본문을 이해한 무슬림들이 아직도 가정 폭력을 합리화하고 있다는 점이다.

실제 사례를 들어 보자. 2007년 3월 파리에 살던 한 여성이 모로코에서 온 무슬림 남성과 혼인한 뒤부터 자주 손찌검을 당하여 이혼 소송을 제기했으나 법원은 "꾸란에서 무슬림 아내는 남편에게 복종하여야 하고 그렇지 않을 경우, 남편이 아내를 때릴 수 있다."라는 내용을 이미 알고 결혼하였으므로 이혼 소송을 받아들일 수 없다고 판결했다. 이처럼 아랍 국가에 살다 보면 무슬림 여성들이 남편의 폭력에 시달리는 이야기를 자주 듣는다. 언어적 폭력은 물론 성폭력도 자주 일어난다. 할례가 그중 하나이다.

예멘, 이집트, 수단 등에서는 여성의 정조와 순결을 지키기 위한 목적으로 어린 여자아이의 '여성 할례'가 여전히 시행되고 있다. 일반적으로 여아들이 열세 살쯤이 되면 동네 의사에게 가서 어머니가 보는 앞에서 할례를 시행한다.

이집트에서는 여성 할례에 대해 이슬람 법적으로 해서는 안 된다는 쉐이크(종교 지도자)와 이슬람 법적으로 하자가 없으니 반드시 할례를 해야 한다는 쉐이크들로 파가 나뉘어 있다. 오늘날도 이집트 시골에서는 여성 할례가 여전히 광범위하게 시행되고 있고 도회지에서도 할례가 자행된다. 사실 전문의가 아닌 사람이 면도날이나 가위 등 날카로운 도구를 사용해 비위생적인 장소에서 무면허로 시술하는 일이 더 큰 문제다. 이집트 인권 단체들은 현지 조사를 통하여 이집트 기혼 무슬림 여성의 97퍼센트가 할례를 했다고 발표했다.

여성의 복장

2009년 9월 8일자 「알아흐람」은 "여성에 대한 모욕을 중단하기 위하여 벌금을 내게 하는 것보다 오히려 감옥에 보내는 것이 더 낫다."라는 제목으로 수단 기자 루브나 후세인에 대한 이야기를 실었다. 평소 수단 정부에 비판적이었던 루브나 기자가 평소에 바지를 입고 다닌 것을 두고 수단 이슬람 법정에서는 태형 대신 500파운드(250달러)의 벌금형을 부과했다. 종교적으로 규정된 복식을 착용하지 않았다는 게 죄목이었다. 루브나는 수단 법 152항에 나오는 여성의 복장 때문에 태형을 가하는 이 법에 대해 강력히 항의했다. 그리고 아무 죄도 없는데 일부 무슬림들에게 만족스럽지 않은 복장을 했다는 사실 하나만으로 무슬림 여성들이 피해를 입는 법은 폐지되어야 한다고 주장했다. 이집트의 「알아흐람」은 "수단 법정이 공정하고 공평하게 진행된 게 아니다."라고 평하며 루브나에게 힘을 실어 주었다. 루브나는 여전히 이슬람 율법과 수단 헌법에 대항하여 싸우는 중이다.

한편 2009년 9월 16일 「알아흐람」에 따르면, 이집트의 국가 무프티 알리 고마는 바지가 넓고 여성의 몸이 비치지 않는 조건이라면 바지를 입는 것이 허용된다고 했다. 이처럼 이슬람 국가라고 해도 나라마다 이슬람 율법의 적용은 다르다.

명예살인

그런가 하면 요르단의 저널리스트 라나 후세이니는 명예살인에 대한 글로 잘 알려져 있다. 요르단에서는 매년 신문에 보도되는 것만 해도 20건 이상의 여성 살해가 명예살인이란 이름으로 자행되고 있다.

여기 한 예를 들어 보자. 1994년 키파야라는 16세 요르단 소녀가 오빠에게 강간을 당하여 임신한 것을 알게 된 부모는 그를 나이 많은 다른 남자와 혼인시켰다. 그런데 갑자기 그녀가 이혼하자 가족들은 그녀를 살해했다. 요르단 법정에서는 살해자에게 경미한 처벌을 하였고 이를 지켜본 「요르단 타임스」의 라나 기자는 과거 13년간 자행된 명예살인의 원인을 조사했다. 그 결과 1990년대 중반부터 요르단 여성들이 혼외 임신을 하였을 때 자신들의 생명을 보호하기 위하여 일부러 감옥에 갔다는 사실을 알게 되었다. 무슬림 여성들에게는 부모가 사는 집보다 감옥이 더욱 안전한 보호 장소가 된 것이다. 명예살인이 이슬람과 관련이 없다고는 하지만, 가난한 지역에서 살고 교육을 덜 받은 무슬림들일수록 명예살인을 더 많이 저질렀다.

1999년 명예살인 제도를 없애기 위하여 요르단 국가 위원회가 설립되었고 15만 4,000명이 4개월 동안 요르단 법 개정을 위하여 서명 운동에 참가했다. 그러나 요르단 하원은 이 법의 개정을 반대했다. 명예는 아랍 남자에게만 해당되는 것이고 여성들에게는 해당되지 않는다는 것이 그 이유였다. 더구나 많은 아랍인들이 라나의 명예살인 취재가 아랍인들의 명예를 더럽혔다면서 그녀를 살해하겠다는 이메일을 보냈다.

요르단뿐만 아니라 이집트, 시리아, 예멘에서도 명예살인에 대한 사회적 문제는 심각하다. 심지어 가족 구성원들이 한 가정의 여성을 함부로 살해하고 나서 그것이 명예살인이었다고 핑계를 대는 폐해도 생겨났다.

요르단, 팔레스타인, 시리아 등지의 여성에게 일어나는 명예살인을 보면서 필자는 요르단 여대생들에게 이런 명예살인이 두렵지 않느냐고 물었다. 예상대로 그들은 "두렵다."라고 대답했다. 가끔 한국 여성들이 이슬람 율법을 전혀 모르면서 무슬림 남자와 덜컥 혼인하는 경우를 본다. 이슬람의 세계관이 우리와 너무 다르다는 것을 한국인들은 잘 모르는 것 같다. 만일 한국인 여성이 무슬림 남자와 결혼하면 그 한국인 여성은 남편 국가의 법에 따라야 한다. 그러나 무슬림 남자와 혼인한 한국인 여성 중 몇 명이나 이슬람 율법과 무슬림 개인의 법적 지위를 잘 알고 있을까? 반드시 이슬람 율법에서 이혼이나 상속, 자녀 양육권이 어떠한지 그리고 명예살인이 무엇인지 자세히 살펴보고 결정을 내려도 늦지 않을 것이다.

결혼과 이혼

2009년에 들어서자 아랍에미리트에서는 친척 간의 결혼보다는 친척 이외의 사람들과 혼인하는 비율이 늘어났다. 그리고 배우자의 아름다움을 가장 중요한 혼인 사유로 뽑았으며, 90퍼센트는 맞벌이를 원한다고 했다. 두바이의 자말 박사는 이슬람의 혼인에서 배우자감으로 가장 중요한 요인은 상대의 종교(이슬람)와 윤리라고 꼽았으나 실제로 젊은이들이 결혼 상대를 고를 때는 이와 다르다는 사실이 드러났다.

원래 이슬람 가정에서는 무슬림 여성이 멀리 외출할 때 반드시 남편이나 가족을 동반해야 한다. 요르단의 경우, 여성이 운전 연습을 할 때에는 반드시 차 뒷좌석에 가족 중 한 사람을 동승시키도록 되어 있다. 또 결혼 상대를 정할 때에도 혼자 결정해서는 안 되고 가족의 의견, 부모의 말을 들어야 한다. 또 이슬람에서는 남녀가 둘만 남겨져 있을 때 사탄이 그곳에 있다고 하여 남녀가 둘만 있는 것을 금기시한다. 그러나 실상은 조금 다르다. 잠깐만 주위를 둘러봐도 무슬림 대학생들이 교정 곳곳에서 손을 잡고 있는 모습을 볼 수 있다.

2009년 이집트 알렉산드리아 대학교의 사회학 교수가 조사한 바에 따르면 이집트 대학생들의 17퍼센트가 비공식 혼인을 하고 있었다. 매년 25만 5,000명이 30여 가지 다른 방법으

로 혼인을 하는데, 이 모든 혼인은 이슬람 법적으로 하자가 있
는 것이었다. 즉 이런 혼인은 간음으로 간주되는 것이다. 요즘
은 이집트 대학생뿐만 아니라 요르단 대학생들도 대학 내에서
연애를 하고 남녀가 눈이 맞으면 학교 주변에 신방까지 꾸민다.
그리고 졸업할 때까지 이런 관계가 이어지면 정식 혼인을 하고,
그렇지 않으면 아무 일이 없었던 듯 헤어진다. 그래서 이집트에
는 부모가 이혼하여 자녀들이 길거리로 버려지는 경우가 많다.
이 중 특별히 7세부터 18세까지의 소녀들을 위한 '소녀의 집'이
마련되어 있다.

그런가 하면 이집트 시골에서는 어린 소녀들이 부모의 강요
로 또는 집이 가난하여 조혼하는 사례가 많다. 정부가 나서서
조혼을 막아 보려고 노력하지만 경제적으로 어려운 많은 무슬
림 부모들이 딸들을 일찍 시집보내고 있다. 특히 걸프 지역의
돈 많은 무슬림들이 변호사를 대동하여 12~16세가량의 소녀
들과 혼인 계약에 서명하고 부모에게 일시불로 큰돈을 준 다음
한두 달 혹은 1~2년 정도 살다가 이혼하는 사례가 늘고 있다.

꾸란에서 남자는 여자보다 먼저 창조되었고, 이슬람에서 남
녀 간의 관계는 평등보다 보완의 개념을 중시한다. 이슬람 율법
을 잘 지킨다고 자부하는 사우디아라비아는 2001년이 되어서
야 남편과 동행하지 않은 부인들에게도 여권을 발급해 주기 시
작했고, 이집트는 2004년 외국인 남성과 혼인한 이집트 여성의
자녀에게도 시민권을 주도록 법을 개정했다. 쿠웨이트는 2005년
역사상 처음으로 여성에게 참정권을 부여했고, 2009년 10월에야

기혼 여성이 남편의 서명 없이도 여권을 발급받을 수 있게 되었다.

그러나 이슬람 국가가 관련 법을 개정하였더라도 무슬림 국민들이 삶의 패턴을 빨리 바꾸지 않는 것은 국가의 요구보다 이슬람 사회에서 오랫동안 이어져 내려오는 관습이 더 강력하기 때문이다. 이슬람 율법이라는 명분으로 여성의 삶 자체를 무겁게 짓누르는 뿌리 깊은 악습은 여전히 무슬림 여성들의 발목을 붙잡고 있다. 요르단에서 남편의 동의 없이 부인이 이혼을 청구할 수 있는 권리(쿨으)를 의회가 승인한 것은 2001년이었으나, 요르단 여성이 이혼 청구를 하여 처음으로 합법적인 이혼이 된 것은 2004년이었다. 그 뒤 2007년에는 1,635건, 2008년에는 1,500건의 이혼이 여성의 요구로 이루어졌다. 2009년에도 마약을 하는 남편에게 이혼을 청구한 한 살배기 자녀를 둔 여성의 소송이 있었다. 그러나 무슬림 여성이 이혼 청구를 하면 그가 받을 위자료와 모든 재산상 권리를 포기해야 하기 때문에 여성의 이혼 청구도 그다지 쉬운 일은 아니다. 그러므로 한국 여성이 무슬림 남자와 혼인할 경우, 남편 국가의 샤리아에 근거를 둔 개인 지위법(personal status law)의 내용과 여성의 지위 등을 꼼꼼히 살펴보아야 한다.

이집트 알아즈하르 대학교 압드 알가파르는 "오늘날 이집트는 이혼과 쿨으가 많아졌다. 그 결과 자녀들이 뿔뿔이 흩어지고 가족이 파괴되어 여러 가지 사회 문제를 낳았는데, 근본적인 원인 중 하나는 남성들이 자신들의 결혼 상대로 재산이 많거나 처가에서 재정적 도움을 받을 수 있는 여성을 고르기 때문"이라고 했다. 압드 알가파르는 이런 기준보다는 신랑의 권리와 앞으로 태어날 자녀의 권리가 보장되도록 신부가 이슬람의 종교심이 있는지를 먼저 살피라고 권했다. 그리고 처녀들에게는 신랑감이 그녀의 품위를 지켜 주고 미래에 자녀 교육을 잘할 수 있는 종교성이 강한 무슬림(타다윤)인지를 먼저 살펴보라고 했다.[7]

알가파르는 결국 결혼의 첫 번째 조건으로 이슬람을 잘 믿는지 그렇지 않는지를 먼저 따지라고 주문한 것이다(물론 무슬림 여성들이 무슬림이 아닌 남자와 절대로 혼인할 수 없는 것이 이슬람 율법이다). 그는 이에 덧붙여 혼인의 조건으로서 남에게 선행을 베푸는 착한 성품(쌀라흐)과 알라를 늘 두려워하는 성품(타끄와)을 우선적으로 고려하라고 말했다. 그러면서 이슬람은 재물과 아름다움과 출신을 따지는 것을 막지는 않으나 다른 모든 것보다 먼저 할 일은 '이슬람 종교를 먼저 챙기는 것'이라고 강조했다(「알아흐람」, 2009년 10월 29일자).

그런데 무슬림 여성이 이혼을 청구할 수 있는 이슬람 국가는 많지 않다. 양육권 역시 부인에게 불리하다. 대개 딸은 7세, 아들은 9세가 될 때까지만 엄마가 키울 수 있고 그 이후엔 무조건 친가 쪽이 맡는다. 실제로 중동에서 무슬림 남자와 18년간 살았던 한 한국인 여성이 있다. 그런데 그녀가 서울을 다녀온 뒤 남편이 자신을 의심하기 시작하자 그녀는 남편 몰래 집을 나왔다. 남편을 통해 요르단 국적을 받아 요르단 여권도 있었으나 아직 한국인 여권도 갖고 있어서 대한민국 대사관에 도움을 청했다. 그러나 그 여성은 어린 딸과 함께가 아니면 요르단을 떠나지 않겠다고 하여 결국 이슬람 법정에 서야 했다. 이슬람 법정이 남편에게 손을 들어 줄 것이라는 것을 그제야 알게 된 그 여성은 다시 남편에게로 돌아갈 수밖에 없었다.

여성의 상속권

무슬림 여성이 불이익을 받는 또 다른 문제로는 상속법이 있다. 먼저 꾸란에서 이와 관련된 내용을 찾아보자. 꾸란 4장 11절에서는 "아들의 지분은 딸 두 명의 지분과 같다. 오직 딸들만 있으면 딸들의 상속분은 전 상속재산의 3분의 2이고 외동딸이면 상속재산의 2분의 1이다."라고 했다.

오늘날의 상황은 이와 조금 다르다. 무슬림 가정에서 아버지가 유언을 남기거나 생전에 자녀들에게 유산을 분배했을 때는 아무런 문제가 없다. 그러나 아버지가 유언을 남기지 않고 갑자기 사망하였을 때에는 대부분의 유가족들이 이슬람 법정으로 가서 상속 문제를 해결한다. 이런 경우 아들이 있으면 아들에게 모든 재산이 상속되고 삼촌이나 다른 친척에게는 재산이 상속되지 않는다. 하지만 딸만 두고 아버지가 사망하면 아버지의 재산이 삼촌들에게 분배된다. 이슬람 율법에서는 아버지가 사망하면 생전에 아버지가 주고 싶었던 사람(고아, 빈민, 친구, 상속 대상자로 지정되지 않는 사람 등)에게 유산의 3분의 1을 주고 나머지 3분의 2는 구란에 따라 상속 대상자에게 상속한다고 규정하고 있다. 하지만 오늘날 무슬림들 중 이런 이슬람 상속법을 지키는 사람은 거의 없다. 이것은 이슬람 율법과 무슬림들의 삶이 달라진 예라고 볼 수 있다. 만일 상속자가 한 명도 없을 때에는 유산을 바이트 알마알(국가의 재무처)로 귀속시켜 국민 복지에 사용해야 한다.

카타르 남자에게 시집을 간 이집트 여성의 이야기에도 상속 문제가 등장한다. 남편이 사망한 뒤 시댁 식구들이 여권을 빼앗고 "(머리가) 모자란다."라고 경멸하는 말을 자주 하자 그녀는 그곳 이집트인들의 도움으로 카타르를 탈출하여 고국으로 두 딸을 데리고 갔다. 그러자 죽은 남편의 배다른 아들이 아버지가 남겨 놓은 유산을 혼자 가로채려고 이집트에 간 두 여동생에게 상속을 포기한다는 각서에 서명하기를 종용했다. 그러나 여동생들이 이를 거절하자 그는 이집트에 가서 두 여동생을 총으로 쏘았다고 한다.

한편 기독교인 여성이 무슬림 남자와 결혼한 후에 계속 기독교인으로 남아 있으면 무슬림 남편이 죽은 후에 아무런 상속권을 주장할 수 없게 된다.

그 밖의 여성 문제

사우디아라비아에서는 아직까지도 여성에게 참정권을 인정하지 않는다. 사우디아라비아 여성은 운전도 할 수 없다. 만일 무슬림 여성들이 운전을 하면 외출이 자유로워지고, 결국엔 남녀가 철저히 내외하도록 되어 있는 이슬람 율법을 어기게 돼 전통 사회의 근간을 뒤흔들 것이라는 게 그 이유다. 이 때문에 사우디아라비아는 아직도 '여성 운전 불가' 입장을 고수한다.

여성의 문맹률도 짚고 넘어가야 할 문제가 아닐 수 없다. 2003년 아랍 국가를 대상으로 한 조사 결과 15세 이상 여성의 문맹률은 50퍼센트를 넘었다. 신문 등의 매체에 따르면 이집트도 여성들의 절반 이상이 문맹이라고 쓰고 있지만 실제로는 이보다 더 많다. 그나마 남녀 불평등 해소에 필수적인 여성의 교육 기회를 확보하는 일은 최근 상황이 많이 좋아지고 있다.

히잡과 니깝

1960년대 이전만 해도 흔히 볼 수 없었던 히잡(얼굴만 남기고 머리카락을 감싸는 스카프)이 전 이슬람 세계에 널리 퍼져 가고 있다. 그런데 2009년에는 '니깝(눈만 남기고 얼굴 전체를 가리는 천)'이란 단어가 이집트 신문에 자주 오르내렸다. 알아즈하르의 쉐이크 故 무함마드 사이드 딴따위는 "이집트에서는 여성들이 히잡을 쓰지만 병원이나 학교 그리고 공공기관에서 근무할 때 니깝을 해서는 안 된다."라고 했다.

여기 니깝에 얽힌 일화가 있다. 2010년 2월 어느 이집트 무슬림 남편이 다복한 가정을 꾸미고 아내와 딸들과 잘 살고 있었다. 그런데 어느 날 부인이 '니깝 홍보원'을 만나 그의 강의를 들었다. 그 부인은 니깝 홍보원이 "무슬림 여성이 니깝을 착용

니깝을 쓴 여성(좌)과 히잡(우)을 쓴 여성.

하지 않는 것은 남편의 신앙에 문제가 있다는 뜻이다.'라고 한 말을 듣고 집으로 돌아와 남편과 말다툼을 벌였다. 화가 난 그 남편은 「알아흐람」 신문에 글을 썼는데 평화로웠던 자신의 가정이 니깝 홍보원들에 의하여 풍비박산이 되었다고 하면서 제발 니깝 홍보원들이 길거리를 활보하지 못하게 해 달라고 당국에 하소연했다. 이에 알아즈하르의 쉐이크는 니깝은 전통이고 예배는 아니라고 잘라 말했다.[8]

2009년 10월 6일 이집트 「알아흐람」 신문은 이집트 무슬림 여성의 니깝 착용 금지에 대한 보도와 함께 관련 기사를 상세하게 실었다. 알아즈하르 쉐이크 딴따위가 알아즈하르 소속의 학교를 방문하다가 강의실에서 일부 어린 여학생들이 니깝을 착용한 것을 보았다. 그는 "니깝은 이슬람 신앙이나 종교적 의무와 아무 상관없는 전통에 불과하다."라며 어린 여학생들이 교내에서 니깝을 착용하지 말 것을 당부했다. 2009년 10월 31일 이집트 이슬람 연구원은 강연장과 교실, 시험장, 여자 기숙사를 포함하여 여성들만 있는 대학 공간에서는 니깝을 쓰는 것을 금한다는 파트와를 발표했다.

무슬림 여성의 니깝 착용을 둘러싼 종교적 논쟁은 끊이지 않는다. 이집트에서는 니깝을 사우디아라비아의 살라피 운동이 이집트에 확산되고 있는 증거라고 해석했다. 무슬림 여성이 히잡을 머리에 둘러야 한다는 점에 대해서는 이슬람 학자들 사이에 견해차가 없지만, 니깝을 써서 얼굴 전체를 가려야 하는지에 대해서는 의견이 나뉜다.

한 예로 이집트 초등학교의 어느 교사는 "니깝을 쓰는 것은 순나(전통)이다. 무함마드의 부인들이 그렇게 썼으므로 우리가 니깝을 쓰는 것은 이슬람 종교에 더 가까이 가려는 일이다."라고 했다. 그녀는 "교실에서 니깝을 벗느니 오히려 죽는 게 낫다."라고 했다. 걸프 지역의 이슬람주의자들은 정부에 정치적 위협을 가하기 위하여 여성들에게 니깝을 착용하게 했으나 일부 유럽 국가들은 공공기관에서 니깝 착용을 법으로 금지했다.

대부분의 이집트 여성들과 소녀들은 히잡이 이슬람의 의무라고 생각하고 있고 소수의 무슬림 학자들만 니깝이 의무라고 말한다. 그런데 이집트에서 히잡을 벗고 니깝을 쓰려는 여성들이 늘어만 가고 있다.

복장을 둘러싼 논란

정치 분석가 할라 무스따파는 니깝은 이집트인들의 가슴속에서 시작된 것이 아니라 걸프 지역에서 수입해 온 것이라고 했다. 또 보수적인 이슬람 사회를 휩쓸고 간 사우디아라비아의 엄격한 와하비즘이 이제는 이집트 쪽으로 불고 있다고 말한다. 지난 30년간 이슬람 극단주의가 증가하여 이제는 폐쇄적인 사회가 되지 않겠느냐는 우려 섞인 목소리도 나온다. 30년 전에는 카이로 대학교에 소매 없는 웃옷과 미니스커트를 입은 여학생들이 활개를 치고 다녔고, 관광객들이 붐비는 알렉산드리아 해변에는 히잡이나 니깝을 착용한 여성들은 볼 수 없었다. 실제로 이집트 TV를 보면 그 당시 영화에는 니깝을 쓴 여성들이 보이지 않는다. 그러나 1970년 이후 이슬람주의자들이 확산되면서 저소득층 여성들 소수가 니깝을 착용하였고 중산층 이상은 다양한 패션의 히잡을 착용했다. 오늘날은 동네 밖을 나서면 가끔 니깝을 착용한 여성들을 만날 수 있다. 요르단 대학교에서도 2008년 한 반에 한두 명 혹은 두세 명의 여성이 니깝을 착용했다.

카이로 아메리칸 대학교에서는 그 대학교에 출입하는 여성 학자가 니깝을 착용한 사유를 들어 출입을 제한한 사례가 있었다. 2007년 법원은 니깝 착용은 개인의 문제이므로 종교적 자유라는 것을 들어 니깝 착용에 손을 들어 주었다. 그러나 일부 무슬림들은 니깝은 종교적인 의무이고 여성들이 성희롱을 적게 당하게 된다는 이유를 들어 니깝 착용의 정당성을 강조한다.

니깝은 사우디아라비아에서 발원한 살라피 운동의 상징이 되었으므로 니깝의 확산은 곧 이슬람의 보수화를 촉발시킨다는 의미를 갖는다. 이집트 정부는 살라피 운동이 알카에다의 정신적 지주이었기 때문에 그 불똥이 이집트에 떨어질까 봐 염려했다. 그래서 정부는 니깝이 이슬람 경전 꾸란이나 하디스에 근거하지 않은 관행이라고 국민들에게 알렸다.

　튀니지는 1981년 공공건물에서 무슬림 여성이 히잡을 쓸 수 없다는 법률을 통과시켰다. 그러나 2006년 12월 이는 헌법에 위배된다고 하여 공공건물에서도 히잡을 쓸 수 있도록 하였고, 사우디아라비아가 투자하여 건축한 건물 안에서는 술 종류를 팔지 못하게 했다.

　여성의 얼굴이 보이지 않는 니깝은 경찰의 검문검색을 따돌릴 수 있어 가끔 범죄로 이용되기도 한다. 2009년 11월 2일 영국에서 모로코 여성이 테러 행위를 도우려고 그녀의 부르카(니깝의 일종으로 옛날 아랍 여성들이 착용함)에 서류를 숨겼다가 경찰의 검문에 발각된 일도 있었다. 이슬람 국가에서도 니깝을 착용한 여성이 운전을 하거나 선거인 명부를 대조할 때 그리고 일시 검문할 때나 학교 교육 등에서 여러 문제들을 발생시키고 있다고 말한다. 이집트에서는 어느 부인이 남편 몰래 자기 아파트에서 다른 남자를 만나고 있었는데 그 남성이 여장을 하고 니깝을 착용해 주위 사람들이 전혀 낌새를 알아채지 못했다고 한다.

역사 속의 할례

남성 할례는 중동과 아프리카 지역에서는 이슬람 이전부터 흔한 의례였다. 기원전 1400년 이집트인들이 소년들에게 할례를 행했다는 기록이 가장 오래된 것이다. 그러나 여성에 대한 할례 기록은 없고, 여성 할례 규정에 대한 내용은 꾸란에도 나오지 않는다.

셈족들, 특히 유대인들에게도 남아 할례는 널리 알려져 있었다. 성경에는 아브라함이 99세 그리고 이스마엘이 13살 때 (창세기 17장 26절) 이삭은 태어난 지 8일 만에(창세기 21장 4절) 할례를 받았다고 나와 있다. "너희 중 남자는 다 할례를 받아라. 이것이 나와 너희와 너희 후손 사이에 지킬 내 언약이니라(창세기 17장 10절)." "그러나 우리 중에 모든 남자가 그들의 할례를 받음과 같이 할례를 받아야 그 사람들이 우리와 함께 거하여 한 민족이 되기를 허락할 것이라(창세기 34장 22절)." 이처럼 구약에서는 할례를 하나님과 그의 백성 간의 언약으로 여겨 구약의 족장들은 남아에게 할례를 행했으나 여아에게는 할례를 행하지 않았다. 신약은 할례를 상징적 의미로 사용하였는데, "영으로 마음의 할례를 받아라(롬 2장 29절)."라는 말은 악을 버리고 마음으로 영적인 변화를 받으라는 말이었다.

무함마드 전기 작가 이븐 이스학(704?~767)은 "이슬람 이전 꾸라이쉬 부족은 아들들이 할례를 받기 전에 낙타를 죽여 카아바에 있는 후발 신에게 바쳤다."라고 쓰고 있다. 그런데 여자들도 할례를 받았지만 잔치를 벌이는 분위기는 아니었다고 밝

한다. 이슬람 초기 전기 작가들은 무함마드가 할례를 받았다는 내용을 기록하지 않았다. 그런데 14~15세기 자료에는 무함마드의 할아버지 압드 알뭇딸립이 무함마드를 할례시켰다고 전한다.

순니파 무슬림들의 하디스에서는 할례를 청결(따하라)과 연관 짓고 있다. 손톱을 깎거나 수염을 자르는 것처럼 할례를 위생의 개념으로 생각하고 있는 것이었다. 다른 순니파 하디스에서는 할례를 이브라힘과 연관시켰다.

여성 할례

여성들이 언제부터 할례를 했는지는 잘 알려지지 않고 있다. 여성 할례는 중부 이북 아프리카에서 리비아, 알제리, 튀니지, 서부 사하라를 제외한 국가들(베냉, 부르키나파소, 중앙아프리카 공화국, 차드, 코트디부아르, 지부티, 에티오피아, 감비아, 기니, 기니비사우, 케냐, 라이베리아, 나이지리아, 시에라리온, 말리, 소말리아, 수단, 토고, 이집트)과 아라비아반도의 남부 지역(예멘과 아랍에미리트) 그리고 인도, 인도네시아와 말레이시아에서 행해지고 있다. 예멘 해안 지역 주민 중 96퍼센트의 여성이 할례를 행하고 이집트는 97퍼센트 이상이 할례를 한다. 터키, 이란, 샴 지역(요르단, 레바논, 시리아, 팔레스타인)에서는 여성 할례가 행해지지 않는다. 유니세프에 따르면 중동과 아프리카에서 10~27세 사이에 있는 7,000만 명의 소녀와 여성들이 할례를 한다고 한다.

일부 무슬림들은 알라의 뜻에 순종한다는 의미로 할례를 시컸다. 이슬람 초기 순니파 법학자들은 할례가 의무냐 혹은 관례냐, 그리고 남아뿐만 아니라 여아에게도 해당되느냐를 두고 논의가 있었다. 샤피이파(순니파의 4개 법학파 중의 하나)들은 남아와 여아 모두에게 할례가 의무라고 규정하였으나 이집트의 말리키파(순니파의 4개 법학파 중의 하나) 무슬림들에게 할례는 남자에게만 적용되고, 그것도 의무가 아닌 관례라고 했다. 샤피이파들은 할례를 마치 남자들이 공석에 나올 때 수염을 깎는 것과 같다고 생각했다. 그리고 여성 할례는 아주 소수의 하디스에만 기록되었다. 여성 할례를 지지하는 사람들은 할례의 핵심이 피부를 자르는 것이므로 여성과 그의 남편을 위하여 너무 많이 자르지 말라고 했다. 그러나 유대인들과 다르게 할례를 언제 하느냐에 대해서는 태어난 지 7일째, 10일째, 13일째 등으로 의견이 다양하다.

이란과 같은 시아파들은 이브라힘과 무함마드가 태어나면서 할례를 받았다고 믿고 모든 무슬림 남자는 할례를 받아야 한다고 했다.[9] 이집트에서는 고대 이집트인들의 종교에 들어가려면 모든 사람이 할례를 해야 했고 이브라힘도 이집트에 온 다음에 할례를 했다고 한다. 이브라힘과 루뜨(롯)[10]가 이집트의 알미냐 근처 바니 하산 지역에서 5년간 살았다고도 한다. 이집트 이스마일리야 출신 무슬림 사아드에게 물어보니 "할례는 이슬람의 청결에 속하는 것으로 남자는 대개 한 살이 되기 전에 모두 할례를 하고 여자는 12~13세가 되면 할례를 한다."라고 했다. 또, 이집트인들이 할례를 '뚜후르' 혹은 '따하라(청결)'라고 부르는 것은 할례가 이슬람이 규정한 청결 의례라고 생각하기 때문이라고 설명했다.

일부 이집트 학자들은 따하라라는 단어를 할례의 뜻으로 사용한다는 것은 여성을 인간으로 보지 않는다는 말과 유사하다고 했다. 그리고 할례를 '카프드'라고 하는 것은 외부로 나온 여성의 생식기 일부가 필요 이상으로 덧붙여진 것으로 간주하여 이를 잘라 버려야 한다는 인상을 주므로 이 용어 역시 부적절하다고 했다.

오늘날 이집트인들 대부분은 여성 할례를 결혼과 부부관계를 적절하게 하기 위한 절차라고 생각하는데 하산이란 무슬림은 여성이 할례를 받으면 "조용해진다(아랍어로는 '후두으'이며 남편에게 잠자리를 더 요구하지 않는다는 뜻)."라고 했다. 일부 무슬림들은 여성의 할례가 이슬람 율법이 되었다고 말한다.[11]

이집트에서는 1979년 가족계획협회의 주관으로 여아의 할례를 반대하는 캠페인을 벌였고 1990년에는 아동 권리의 국제적 합의문에 따라 여아 할례를 아동의 성적 오용 내지는 아동에게 고통을 주는 것으로 규정했다. 1993년 연구에서는 매년 세계 200만 명의 여자아이가 할례를 당하는 것으로 조사되었는데, 아프리카 동부와 서부에서의 할례가 전체 건수의 50퍼센트에 해당되었다. 여아 할례는 나일강 유역을 따라 그 주변 지역으로 널리 퍼져 나갔고 이들 지역에 사는 무슬림 여성은 물론 일부 기독교(이집트)와 유대교 여아(에티오피아의 팔라샤 유대인)도 할례를 했다.

여아 할례는 종교와 상관이 없다고 했으나 무슬림 남자들은 여성을 유혹(가와야)의 상징으로 보았고 따하라는 소녀들에게 욕정이 일어나는 것을 막아 준다고 생각했다. 또 여아 할례를 하지 않으면 여아가 남성적이 된다고 생각하고 음핵을 자르지 않으면 나중에 거위의 목처럼 길어진다는 말도 전해졌다. 이집트인들에게 음핵과 소음순은 여성의 몸에서 필요 없기 때문에 반드시 제거해야 한다는 통념이 자리를 잡아 갔다. 실제로 이것들을 더러움의 상징으로 여겼기 때문에 그것을 잘라 내는 것 이외에는 다른 방도가 없다고 생각했다. 심지어 할례를 하지 않은 여성이 만든 음식은 깨끗하지도 않고 맛도 없다고 생각했다. 또 여성이 할례를 하지 않으면 불임이 된다고 믿기도 하고 만일 남편이 그곳을 만지거나 갓난아이가 태어나면서 그곳을 만지면 그 남편과 아이가 죽게 된다는 낭설도 퍼졌다. 이에 비해 할례를 하면 혼전에는 여아가 순결을 지킬 수 있고 결혼 후에는 오직 남편에게만 정조를 지킬 수 있도록 여성의 성욕을 막아 준다고 생각했다. 또한 흥분과 욕정을 막아 주고 죄를 짓거나 잘못된 짓을 안 하게 된다고도 믿었다. 그래서 무슬림 여성은 정숙한 여성의 요건으로서 할례를 하였고 만일 할례를 하지 않은 소녀는 그 지역 사회가 받아 주지 않아 혼인이 불가능했다.

특이한 점은 무슬림들이 여성의 생식기를 종교와 관련시켰다는 점이다. 이집트는 나일강변에서 자연신에게 제물을 드리곤 했는데 다산의 신에게 여성의 생식기를 잘라 바치며 땅에 묻거나 나일강에 던졌다. 그래서 여성 할례는 수확 철이나 나일강 홍수 때 행해졌고 여성들은 매달 나일 강을 찾았다. 이집트에 이슬람이 들어왔으나 이런 관습은 전혀 바뀌지 않았다.

결국 일부 무슬림들은 여아 할례는 '순나(관례)'라고 하여, 음핵의 일부 혹은 전부를 자르거나 혹은 음핵과 소음순을 자르는 것을 당연시했다. 무슬림 남성은 혼인 지참금을 신부에게 주어야 하므로 혼인을 경제적인 거래로 간주했다. 여성이 할례를 하지 않으면 그 여성이 성숙하지 않는 것으로 치부되었다. 여성은 할례 중이나 부부관계 중 고통스럽더라도 입을 다물어야 했고, 여아가 할례를 받으면 부모는 동네 사람들에게 잔치를 베풀었으며, 이웃은 이 가정을 방문하고 선물을 갖다 주었다. 이런 여아 할례는 간호사나 의사에게 수입원이 되고 특히 일부 이슬람 쉐이크들이 여아 할례를 이슬람 법적으로 '할랄(허용)'이라고 한 것이 오늘날 이집트에서 여성 할례가 사라지지 않는 이유가 되었다.[12]

앞에서 잠깐 언급한 것처럼, 이집트에서 여성 할례가 이슬람 율법이냐 아니냐를 놓고 무슬림 쉐이크들 간에 의견이 갈렸다. 1996년 이집트 정부는 여성 할례를 법적으로 금지시켰다. 그런데 2010년 이집트에서는 아직도 시골과 나일강 지역, 사이드(이집트 남부) 지역 그리고 도회지 사람들 중 4~10세 사이의 무슬림 여아와 일부 기독교 여아들이 할례를 행했다. 반면 북쪽 지중해 해안가인 마르사 마뜨루흐의 유목민들은 할례를 시행하지 않는다. 이집트에서는 여성 할례를 사춘기, 결혼 등과 같이 통과 의례의 하나로 간주하기 때문에 국가가 법으로 금지해도 여전히 국민들이 여성 할례를 시행한다.

이집트의 개인 지위법

개인 지위법은 이슬람 법학(피흐끄)에서 나온 말이고 이슬람 법학은 이슬람 율법에서 나온 것이다. 법학은 이슬람 샤리아를 이해하기 위한 인간의 시도이고 이슬람 율법은 알라가 명령한 법으로서 무슬림들은 이 율법을 반드시 지켜야 했다.

이슬람 각국마다 개인 지위법이 서로 조금씩 다르다. 1880년 이집트에서 이슬람 율법이 공포되었을 때 '이슬람 율법에 속한 조항'이란 말은 곧 무슬림 개인의 지위에 대한 법률을 가리켰다. 이슬람 율법을 신앙과 인간 행동 규범으로 보았던 초기 이슬람 학자들에게는 개인의 지위란 개념이 따로 없었다. '개인의 지위' 란 말은 1890년대 무함마드 까드리 파샤가 하나피파의 이론에 따라 쓴 『개인의 지위에 대한 이슬람 율법 규정』이란 책 제목에 처음으로 등장했다. 대부분 이슬람 국가에서 개인 지위법은 주로 하나피파를 따르고 개인의 지위법 중 각국의 상황에 적절하지 않는 부분은 말리키파나 샤피이파 등에서 빌려 오기도 했다.

아랍 세계가 이슬람 율법에 대한 이해와 해석에서 비교적 진전을 보인 때는 1950년대와 1960년대이다. 이집트는 1956년 헌법에서 여성에게 투표할 권한을 주었고 남자와 근로 조건이 동일하면 동일한 월급을 받도록 규정했다. 아랍 세계에서 가장 유명한 개인 지위법은 1979년 개정을 시도한 일명 이집트의 '지한 법'이었다. 이는 이집트 대통령 고 안와르 사다트의 영부인이었던 지한 여사가 적극적으로 개입한 개정안이었다. 그중 몇 가지 개정안을 나열하면 아래와 같다.

첫째, 남편의 허락 없이 부인이 일터에 나갔더라도 그 일
이 가족을 해롭게 하지 않는 이상 아내에 대한 부양은 유지
되어야 한다. 둘째, 부인의 허락 없이 남편이 일부다처를 하
면 부인에게 상해를 입힌 것으로 간주한다.

이집트 여성들은 남편과 말다툼을 벌였을 때, 남편이 상해
를 입히거나 남편이 가족을 부양하지 않을 때, 그리고 남편이
갖는 만성적인 심리적 육체적 결함과 1년 이상 남편이 행방불
명이 될 경우 이혼할 수 있었다. 그런데 1985년 5월 최고 헌
법 재판소는 1979년의 개인 지위법을 폐기했고, 2000년에는
1985년 개인 지위법이 여성의 기본권을 훼손하는 항목이 많다
고 판단하여 또 법을 개정했다. 그 결과 2005년에는 자녀의 교
육 기간이 늘어났고 2010년에 개인 지위법 개정안이 의회에
다시 상정되었다.

그 밖의 나라들과 개인 지위법

시리아에서는 1953년 대통령령으로 개인 지위법이 발효되었
는데 드루즈파, 기독교인, 유대교인을 제외한 모든 무슬림에게
적용되는 법이었다. 시리아 여성들은 2009년 시리아의 개인 지
위법은 남녀평등과 거리가 멀다고 하면서 사회적, 종교적 토론

을 거쳐 이 법이 새로 개정되기를 원했다.

그 밖에 요르단은 개인 지위법이 하나피파에 근거하고 있고 모로코는 말리키파의 견해를 따르고 있다. 쿠웨이트는 1984년 개인 지위법이 왕(아미르)에 의하여 공포되었고, 무슬림이나 비무슬림 모두가 말리키파 개인 지위법에 적용을 받았다. 사우디아라비아는 한발리파의 개인 지위법을 따르고, 통일되기 전 북예멘은 자이디파를 따랐으나 리비아는 말리키파를 따랐다.[13] 그리고 아랍에미리트는 하나피파를 따랐으나 해당 법학파에 뭔가 부족한 부분이 있으면 말리키파를 따랐다.

한마디로 아랍 이슬람 국가들은 아직까지도 아랍인끼리 통일된 개인 지위법을 내놓지 못하고 있다. 요르단의 경우 요르단 기독교인들의 혼인, 이혼, 상속, 자녀 양육 등 법적 문제는 기독교 교회 안에서 처리된다고 하였으나 점차 무슬림들의 간섭이 확대되고 있다. 또 이집트에서는 일부 기독교인들이 이슬람 율법에 따라 재산 상속하고 있고 일부는 이슬람 법정에서 이혼과 재혼을 한다. 아랍계 기독교인들은 무슬림과 개인 지위법에서 문제가 생기면 무슬림 변호사의 도움을 받아야 하고, 혹시 아랍계 기독교인 변호사가 있더라도 이슬람 율법과 관련된 일은 무슬림 변호사가 수임한다.

율법을 극복한 결혼

중동에서는 종교의 법을 따르지 않는 민법상 결혼(civil

marriage : 종교적 규례를 따르지 않는 혼인)은 드물었다. 무슬림들은 이슬람 법대로 혼인하고 기독교인들은 교회가 정하는 혼인법에 따라야 했다. 그런데 2010년 이집트에서 기독교인이 이혼한 뒤 교회가 아닌 민사 법원에서 재혼을 청구한 사례가 있었다. 이것이 언론에 보도되면서 이집트 법원과 콥트 기독교 간의 뜨거운 공방전이 벌어졌고 언론도 여기에 가세했다. 결국 이집트 정부는 기독교인들의 재혼에 대한 판결은 일단 보류하였고 교회는 교회의 허락 없이 교회 밖에서 혼인하는 것은 간음이라고 재확인해 주었다.

레바논에는 공식적으로 인정된 18개의 무슬림 종파와 여러 기독교 교파들이 있다. 마론파 가톨릭에서는 민법상 혼인을 마치 간통을 저지른 것으로 간주한다. 혼인은 거룩한 성사(sacrament)인데 민법상 혼인은 계약으로 간주되므로 마론파 가톨릭 입장에서 이는 합법적인 혼인이 아닌 셈이다. 순니 무슬림 판사 무함마드 달리 발따는 민법상 혼인은 단 하루 법적으로 허용되는 혼인으로 봐야 한다고 했다. 이슬람 국가에서 무슬림 남자는 기독교나 유대교의 여성과 혼인이 가능하나 무슬림 여성은 반드시 무슬림 남자와 혼인해야 한다. 이것이 이슬람 율법이다.

어느 무슬림 여성이 아흐마디야파 남자와 결혼하여 아들을 낳고 살았다. 남편은 부인에게 "나는 알라를 믿고 무함마드를 믿으며 꾸란을 읽고 기도를 한다."라고 하면서 결혼을 청했다고 한다. 그런데 같이 살아 보니 남편의 신앙이 이상하여 다르 알이프타에 남편과 결혼 생활을 계속해야 하는지 그만두어야 하는지를 물었다. 이집트 다르 알이프타는 아흐마디야파[14]를 카피르라고 규정했다. 그러므로 무슬림 여성이 아흐마디야파를 따르는 남자와 결혼하면 이 결혼은 무효이고, 잠자리를 같이 하면 이는 간음이라고 했다.

사실 중동 국가에는 다른 종교 간 혼인을 도와줄 공식적인 권한을 갖는 기관이 없다. 그래서 이스라엘과 레바논 사람들 중 자국의 종교법 아래에서는 혼인이 불가능한 커플들이 주변 국가인 키프로스Cyprus에 가서 시청 주관하에 속성으로 결혼식을 치른다.

2008년 키프로스에서는 레바논에서 온 커플 523쌍과 이스라엘에서 온 커플 1,533쌍이 혼인을 했다. 와킴과 가믈루쉬는 그중 한 쌍으로, 그들은 일터에서 만나 사랑에 빠졌다. 그들에게는 종교적 장애물이 있었는데, 남자는 마론파 기독교인이고 여자는 이슬람 바하이 종파였다. 또 다른 커플로 유대교인 디미트리와 러시아 정교회 교인인 올가가 있는데, 둘 다 29살이고 러시아 태생으로 예루살렘 근처에 살고 있었다. 이들 중 한 사람이 상대의 종교로 개종하지 않는 한 이스라엘 안에서는 혼인이 금지된다. 그리고 유대교로 개종하는 절차는 꽤 오래 걸린다. 더구나 소련 치하에서 종교 교육을 받지 못한 러시아 출신들은 끝내 유대교로 개종할 수 없을 가능성도 있었다. 실제로 이스라엘에서는 유대 정통파 랍비가 혼인과 이혼을 관장하는데, 이들은 유대인 신분을 따지면서 상당히 엄격한 잣대를 들이댄다. 이스라엘에서는 오직 어머니 쪽으로만 유대인 신분[15]이 전달된다고 본다. 모계를 통한 유대인 신분은 이스라엘처럼 오랜 세월 박해받은 민족에게는 종족을 보존하는 가장 좋은 방법이라고 여겨졌다.

결혼 풍속의 변화

중동은 이라크와 팔레스타인, 레바논 등지에서 장기간 전쟁과 충돌이 계속되면서 결혼 풍속도도 크게 변화를 맞고 있다. 2008년 이집트의 청춘 남녀들은 25~30세가 결혼율과 이혼율이 가장 높았고, 이 연령대에서 혼인을 미루는 여성들이 가장 많은 나라는 이라크와 레바논이었다. 무슬림들은 결혼 문제에 관해 이슬람 율법을 따르지만 그 율법을 어기는 사례들이 속출하고 있다.

아주 어린 나이에 결혼하고 싶지 않는 남자에게 강제로 팔려 가거나, 여름에 잠시 몇 달간 동거하여 돈을 벌거나, 심지어 어린 소녀들이 학업을 중단하고 가난 때문에 부모에 이끌려 혼인하는 경우가 많다. 특히 요르단 등 아랍 대학생들이 혼인신고도 하지 않은 채 비밀 동거하는 사례들이 늘고 있다.

2004년 설문 조사의 결과도 흥미롭다.[16] 이 조사 결과, 시골에 사는 대부분의 이집트인 남자들은 나이 어린 여성과 혼인하는 것을 바랐고, 그중에서도 신붓감이 16세 이하이기를 가장 많이 원했다. 이집트 여성들은 남편감을 고를 때 그의 경제력, 나이, 가족, 종교 순으로 고려하지만 남성들은 신붓감을 고를 때 종교, 가족, 미모, 경제적 여유 순으로 고려한다. 또 신부 값을 정하는 데 어떤 요인이 작용하는가에 대하여 신랑 측은 자신의 재정적인 능력, 신부 가족의 재정적인 능력 그리고 신부의 미모에 따라 신부의 값이 달라진다고 하였다. 부인이 직장에 나가는 이유에 대해서도 관점이 달랐다. 이집트 여성들은 가족의 재정 충당을 위하여 나간다고 하고, 남성들은 남편이 허락할 때만 부인들이 일터에 나가야 한다고 말했다. 한편 남녀 모두 학력이 낮을수록 부인이 뭔가 잘못을 저질렀을 때 남편이 부인에게 손찌검을 할 수 있다고 대답한 비율이 높았다. 여성이 이혼을 요구하는 사유로는 남편이 때리기 때문에 이혼하겠다는 사람이 가장 많았고, 그다음으로는 재정적인 어려움 때문에, 그리고 남편이 가족에게 책임을 다하지 못하기 때문이라고 했다. 그러나 종교적인 문제나 남자가 바람을 피웠기 때문에 이혼 사유가 되었다고 하는 내용은 없었다. 이것은 오랜 이슬람 사회의 관념상 여성은 처녀여야 하고 남자는 순결을 지키지 않아도 된다는 통념이 있어 왔기 때문이다.

인간과 사회 :
이슬람 문화와 세계관을 규정해 온 율법

율법과 지하드(알라를 위한 분투)

이슬람이란 종교 문화적인 틀이 무슬림 한 개인의 가치관과 세계관을 결정하는 중요 변수가 되기도 한다. 미국에서 2009년 팔레스타인 미국인 니달 말리크 하산 소령이 13명의 동료들을 사살하면서 "알라후 아크바르(알라가 위대하다)."라고 소리쳤다. 무고한 동료들을 죽일 때 어떻게 '알라'라는 존귀한 신의 이름을 외칠 수 있을까? '알라후 아크바르'는 무슬림들이 기도, 전쟁터, 시위에서뿐만 아니라 평상시에도 자주 사용하는 표현이다. 만일 무슬림이 기도할 때 알라후 아크바르라고 하면 사탄이 무슬림의 적이 되고 전쟁터에서 알라후 아크바르라고 하면 싸움의 상대가 무슬림의 적이다. 이슬람 정부에 대항하여 시위할 때 무슬림들이 "알라후 아크바르."라고 하면 이 말은 알라에게 도움을 구하면서 승리가 이 말을 한 사람에게 돌아가기를 바라는 의미다.

2010년 7월 베트남에서 열린 외무 장관 연례회의에서 10개국이 천안함 침몰 사건에 대한 깊은 우려를 표명하자 북한 측은 '성전'을 하겠다고 하였는데 아랍 신문은 이 성전을 '하룹 무깟다사(거룩한 전쟁)'라고 번역했다. 지난 수년간 서구와 한국 언론에서도 무슬림들의 지하드를 '영적 전쟁(spiritual warfare)' 혹은 '성전(holy war)'이라고 번역했다. 그러나 이 번역은 본래 이슬람의 정신에 걸맞지 않는다. 지하드를 영어로 옮길 때는 'holy war'가 아니라 'fighting for the sake of Allah'라고 해야 더 정확하다. 한국말로는 '알라를 위한 분투'라고 한다.

지하드는 흔히 현대의 과격한 이슬람식 이데올로기로 알려져 왔다. 혹자는 지하드를 세계화와 균등화 추세를 반대하는 저항 세력으로 이해하기도 했다. 그러나 반이슬람 논증가들은 지하드를 이슬람이 본래 갖고 있는 고유한 폭력성의 증거로 보며, 다른 쪽에서는 이슬람이 평화라는 전제하에 이슬람 내적 지하드를 방어적 원리로 간주한 것이라 했다.

지하드는 이슬람 율법 원리와 관련되어 있다.[17] 고전 이슬람 율법의 문건에는 지하드의 장(Book ok Jihad)이 있었고 가끔 이들 장들은 전쟁법의 장(Book of Siyar), 혹은 인두세[18]의 장(Book of Jizya)이라는 이름이 붙어 있었다. 그러나 이름만 다를 뿐 그 내용은 거의 같았다. 전형적인 지하드 장은 전쟁 방식을 규정하는 법을 포함해 교전 취소, 승자 간의 전리품 분배, 주적 선포와 해제 등의 내용을 담고 있다. 지하드 장은 지하드가 꾸란에서 어떤 근거를 인용했는지, 그리고 지하드가 어떻게 알라에 의하여 명령되었는지를 순나에 근거하여 설명하려 했다. 그리고 하디스에는 알라의 적들을 대항하여 전쟁에 참여하라고 촉구하는 구절들이 들어 있었다.

지하드는 단순한 이슬람 율법의 원리(legal doctrine) 그 이상이다. 이슬람의 역사가들은 자주 전쟁의 동기, 전쟁 동원, 전쟁과 정치적 권한을 생각할 때 지하드를 언급했다. 예를 들면 이슬람 초기 첫 세대의 무슬림들이 어떻게 싸웠는지를 묻고, 그들이 대동단결한 근거가 무엇인지, 그리고 그들이 어떻게 군대를 조직하였는지를 질문했다. 역사가들은 이슬람의 율법적 원리라는 측면을 떠나서는 지하드의 역사적인 면모를 고찰하기가 어려웠다고 밝힌다. 사실 그 당시 대부분 역사학자들은 이슬람 율법학자들이기도 했기 때문에 지하드는 여러 사건들 속에서 그 자체로서 중요한 역할을 하고 있었다. 역사가들에게 지하드는 종교, 문명, 국가 간의 충돌일 뿐만 아니라 이슬람 사회 속에 있는 여러 그룹 간의 충돌이기도 했다.

1882년 영국이 알렉산드리아를 통하여 이집트를 공격해 오자 당시 군 장교들의 지휘권을 갖고 있던 아흐마드 우라비(1841~1911)는 영국에 대한 지하드를 하라고 명했다. 역사는 그를 '무자히둔(알라를 위한 지하드에 자신과 자신의 군대를 바친 사람들)'의 리더로 묘사했다. 지하드에는 무슬림들이 직접 싸움터에 참가하거나 혹은 재정적인 지원을 하는 것도 포함되었다.

그런데 오늘날 일부 국가에서는 지하드를 다시 새롭게 바라보기 시작했다. 그들은 이슬람의 본질을 곰곰이 생각해 보고, 특히 이슬람 율법이 그들 사회 안에서 어떤 위치를 갖는지를 되새겨 보았다. 영국 통치하에서 인도는 무슬림들이 소수를 차지한 와중에 여러 개혁가들이 등장했다. 그중 아흐마드 칸 Ahmad khan은 고전적인 이론을 개정한 사람이다. 그는 무슬림들이 노골적인 억압 상태 혹은 이슬람 신앙의 실천이 제약을 받을 때 지하드가 허용된다고 생각했다. 아흐마드 칸의 목표는 이슬람을 근대화하는 것이었다. 만일 지하드가 근대화를 위하여 어떤 역할을 갖는다면 그것은 내적인 지하드의 한 형태가 될 것이라고 했다. 다시 말해 이때 지하드는 근대화를 성취하기 위한 노력의 일환으로 간주되었다.

19세기 후반에 오자 이슬람 법학자들(가끔 이슬람 변증론자들)이 지하드를 방어적 전쟁으로 규정했다. 고전적인 이슬람 법학자 중 알샤피이(767~820)는 누군가가 이슬람 땅을 침입하면 무슬림은 반드시 방어해야 한다고 했다. 다시 말해 고전적인 지하드 개념에는 단순히 공격적인 개념만 있는 게 아니라 방어적인 개념도 있었다. 우마위야 조와 압바시야 조(7~10세기) 그리고 오스만 제국(14세기 이후)은 비무슬림 지역에 공격 팀은 물론 때로는 수색 팀을 보냈기 때문에 지하드를 방어적인 개념으로 생각해도 무방했다.

현대 법학자들은 전쟁과 지하드와 관련된 꾸란 구절들을 기술적記述的으로 다루면서 지하드를 방어적 개념으로 이해했다. 그들은 꾸란 구절 중에서 평화를 촉구하는 구절들을 더 강조하고 '칼의 구절'과 같이 전쟁과 관련된 구절들은 상대적으로 덜 강조했다.[19] 그리고 평화를 앞세워 비무슬림 국가들과 좋은 관계를 맺었다.

그런데 세속적인 국가들의 이런 인식이 동료 무슬림들을 화나게 했다. 화가 난 이들은 바로 이슬람 근본주의자 혹은 이슬람주의자 또는 이슬람 과격 세력들이었다. 이들 그룹에 속하는 사상가들로는 이집트인 하산 알반나(1906~1949)와 사이드 꾸뜹(1906~1966), 인도 파키스탄인 아부 아알라 마우두디(1903~1979) 등이 있었다. 이들은 정치적 의도를 가진 이슬람주의자들이었다.

이들 이슬람주의자들은 압바시야 조(750~1258)나 오스만 터키(1299~1922) 시대의 이슬람에 관심을 두지 않고 주로 무함마드의 메디나 시대(622~632)와 그 직후 시기의 이슬람 사회 그리고 그 시기의 꾸란 구절에 더 많은 관심을 기울였다. 무함마드의 기습과 전투에 대하여 가장 잘 알 수 있는 시기가 메디나 시기(624년 바드르 전투, 625년 우후드 전투, 627년 참호 전투, 630년 메카 입성, 631년 타북tabuk의 원정)였다.

근본주의적 사상을 갖고 있던 이슬람주의자들은 지하드에 대한 여러 책을 썼다. 그들은 이들 책에서 지금은 메디나에 있던 이슬람 사회가 그들에게서 이미 사라져 버렸고, 사람들 대부분이 잘못된 가치와 이념 속에 살아간다고 했다. 사이드 꾸뜹과 일부 사상가들은 그와 동시대 사람들이 마치 자힐리야 (이슬람 이전) 시대의 사람들처럼 살고 있다고 생각하고 자칭 무슬림이라고 하는 사람들 대부분을 카피르로 간주했다. 사이드 꾸뜹과 그의 추종자들은 이 카피르에 대항하여 지하드를 선언했다. 다시 말해서 때로는 동료 무슬림들도 카피르가 된 것이다. 1981년 10월 이집트에서는 이슬람 과격 세력 중의 한 사람이 안와르 사다트 대통령에게 총을 겨누었다. 살해범은 "파라오 (파라오는 꾸란에서 독재자의 전형)를 죽였다."라고 외쳤다.

이런 과격한 정치적 이슬람이 다른 이슬람 국가에서도 나타났다. 1996년과 1998년 오사마 빈 라덴의 파트와를 보면 이슬람 전사들의 지하드 대상이 세계화되어 가고 있었다는 것을 알 수 있다. 이슬람 국가 내 부패정권을 겨냥하던 지하드는 이후 시온주의자들을 겨냥했다. 그것이 곧 9·11테러로 연결되고 있었다. 이런 새로운 지하드가 세계화되고 이들 조직원들은 범세계적인 칼리파제(caliphate : 세계를 이끌어 갈 한 명의 칼리프를 세우는 것) 복원을 위한 정치적 구상을 시도했다.

2009년 10월 이집트는 '56차 세계 리버럴리즘 대회'를 열었는데 무바라크 이집트 대통령은 "이슬람이 관용과 자유의 가치를 강조하고 이슬람이 폭력과 테러를 모르는 종교라는 것을 널리 알리는 계기가 되기를 바란다."라고 했다. 그는 또 "교육은 리버럴한 사상의 원리를 전하고 강화시키는 가장 중요한 수단"이라고 하면서 무슬림은 "다른 종교와 다른 문화에 개방적이어야 한다(「알아흐람」, 2009년 10월 31일자)."라고 했다.[20]

또한 사미르 아미르 박사는 오늘날 이슬람 세계의 정치적 이슬람은 이슬람 정신 운동(하라카 루히야)이 아니고 광신적인 형태의 의식이라고 진단하고(「알아흐람」, 2009년 10월 30일자) "정치적 이슬람은 자본주의의 요구에 부응하지 못한다."라고 확언했다. 그는 "정치적 이슬람은 오른 손에 꾸란을 들고 왼손에는 코카콜라 병을 든 사람과 같다. 오늘날 정치적 무슬림들은 세상을 지배하는 문화를 기독교라고 생각하고 이를 겨냥하는 것"이라고 했다. 그의 견해에 따르면 지금 아랍 이슬람 세계에는 세 가지 세력이 있다. 하나는 전제 군주제를 지향하는 대중 영합 체제, 또 하나는 경제적 자유를 보장하면서 스스로를 자유주의자, 민주주의자로 여기는 리버럴한 체제, 세 번째는 정치적 이슬람이다. 그러므로 그는 "오늘날 무슬림들이 세상 문제를 이슬람식으로 해결하려는 환상을 버려야 한다. 오늘날 아랍 세계에는 정당들이 있지만 이들 정당은 국민을 위한 정당이 아니다."라고 말했다.

그런가 하면 이집트의 라일라 박사는 십자군 운동은 종교 전쟁이 아니고 경제 전쟁이라고 하면서 지금 이집트에서 기독교와 이슬람 간의 긴장은 이런 잘못된 기독교관에서 비롯된 것이라고 했다. 시온주의는 정치 이론이며 세속적인 목적에 종교를 이용하고, 기독교는 정의와 자비를 부르짖는 하늘의 종교이므로 엄연히 구분된다는 것이다. 라일라 박사는 리파아 알따흐따위(1801~1873)도 종교와 언어에 바탕을 두지 않고 오히려 국가에 대한 국민의 의무와 권리(무와따나) 그리고 평등에 근거하여 이집트 국가의 부흥을 이야기한 것이라고 전했다.

이슬람 율법의 4가지 근거

샤리아는 알라가 인간에게 준 율법이다. 이슬람에서 알라는 그의 자신을 계시하지 않고 그의 율법을 인간에게 주었다. 샤리아는 교리와 법을 포함한다. 샤리아에는 무슬림이 지켜야 할 법이 있고 해당 지역의 관습법도 포함되어 있었다. 이슬람 율법의 자료는 꾸란과 하디스이다. 이 둘 사이에서 법적 근거를 찾을 수 없을 때 만장일치와 유추를 통하여 법적 근거를 찾아낸다. 이것은 이슬람 초기 이슬람 법학자들에 의해 이뤄졌는데 순니 법학파 중에는 하나피파, 말리키파, 샤피이파 그리고 한발리파 등이 있다. 법적 근거가 되는 내용을 하디스에 더 치중한 법학파도 있는데, 때로는 해당 지역의 관습을 이슬람 법에 포함시키기도 했다. 이것이 우리가 앞서 살펴봤던 피끄흐다. 피끄흐는 무함마드 이후의 후세 학자들이 정교하게 잘 만든 법체계라고 할 수 있다.

꾸란은 이슬람 율법의 첫 번째 자료가 되었다. 꾸란은 알라가 무슬림에게 지키라고 내려 보낸 알라의 말이다. 그러나 모든 꾸란 구절이 율법이 되지는 못했다. 이슬람 율법의 구절 대부분은 무함마드가 메디나에 있을 때 말했던 내용들이다. 구체적으로 보면, 특정 음식(돼지고기, 술 등)을 금하고 이방 사람들의 의식에 따라 도살한 짐승을 먹는 것을 금한다. 율법 중에는 가족법(혼인, 이혼, 상속 등), 형법(범죄, 강도, 강간, 중상, 음주 등), 상업(고리대금, 계약, 증인 등) 등도 포함되었다. 해당 사건에 대한 관련 구절들이 하나 이상 있을 때 어느 구절이 이슬람 율법으로 적용

될 수 있을지에 대해서는 이슬람 역사에서 나중에 등장한 대체 이론(나스크)에 따라 후세 법학자들의 논의가 있었다.

이슬람 율법의 두 번째 근거는 순나, 즉 하디스다. 무함마드 사후 그의 제자들이 무함마드를 생전에 만났던 사람들을 찾아가 무함마드의 말, 행동과 묵인한 사항들을 모아 글로 남긴 것이 하디스이다. 무함마드의 말과 행위이기도 한 이 하디스는 오늘날 꾸란과 함께 무슬림들의 삶의 기준이 되고 있다. 하디스의 내용이 이슬람 율법에 꾸란보다 더 많이 사용되었고, 여기에는 무함마드가 생존 시 법적 판결한 내용도 포함되었다. 그러나 후세 학자들은 어느 하디스가 법적으로 더 우세하고 적용 가능한지를 두고 토론을 계속하고 있다.

꾸란과 순나에서 찾을 수 없는 법적 결정은 결국 유추와 만장일치로 이어져 갔다. 무슬림들이 정복 사업을 하고 있던 무함마드 사후 1세기 동안은 무슬림들이 각 지역에서 그 지역 사람들과 만장일치를 통하여 법적인 결정을 했다. 해당 하디스를 선임자들이 어떻게 해석하였는지도 참조되었다. 만장일치는 법체계를 만들어 가는 세 번째 근거가 되었다. 무슬림들이 좋다고 생각하면 그것은 알라에게도 좋은 것이라는 입장에서 만장일치는 널리 받아들여졌다. 가령 할례는 당시 널리 보편화된 것은 아니었지만 무슬림들의 삶의 규범이 되었다.

팔레스타인 태생의 무함마드 븐 이드리스 알샤피이(767~820)는 율법을 표준화하기 위하여 무함마드의 하디스를 찾는 데 헌신했다. 그 외에 이라크 태생의 아부 하니파(699~767), 예멘 태

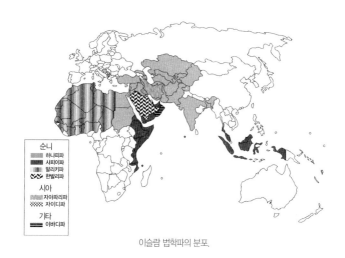

순니
하나피파
샤피이파
말리키파
한발리파
시아
자아파리파
자이디파
기타
이바디파

이슬람 법학파의 분포

생의 말리크 븐 아나스 알아스바히(713~795), 그리고 만장일치를 피하고 유추를 우선한 아흐마드 븐 한발(780~855) 등이 있었는데 이들의 이름을 따서 각각 샤피이파, 하나피파, 한발리파, 말리키파 등 4개의 순니 법학파가 생겨났다. 시아파의 여섯 번째 이맘(법학자)인 자아파르 알사디끄가 만든 자아파리파도 있었는데, 그의 율법에는 무함마드의 하디스는 물론 알리(무함마드의 사위)와 이맘(이슬람 초기 리더)들의 하디스(언행록)가 포함되었다.

그중 하나피파에 자아파리파의 법이 합쳐진 자이드 븐 알리의 자이디파(다섯 이맘파)는 1962년 쿠데타가 일어나기 전까지 예멘 정부가 사용했다.[21] 그러나 압바시야 조(750~1258년)와 그 후 오스만 술탄들에 의하여 공식 법학파가 된 것은 하나피파였다. 하나피파는 발칸 반도와 코카서스, 아프가니스탄, 파키스탄,

73

인도, 중앙아시아, 중국으로 퍼져 갔다. 이에 비해 말리키파는 히자즈 지역과 걸프 지역, 이집트 북부, 수단, 안달루시아(지금의 스페인), 북서 아프리카의 공식 법학파가 되었으며, 샤피이파는 중동에서 하나피파보다는 덜 확산되어 이집트의 시골 지역, 팔레스타인, 요르단, 예멘의 해안 지역, 파키스탄의 일부, 인도, 인도네시아 등지에서 시행되었다.

고전적 법체계의 네 번째 근거는 유추이다. 꾸란과 하디스에서 분명하게 나타나지 않는 상황에서 논리를 체계적으로 적용하는 것을 유추라고 한다. 이슬람 율법의 형성기 때 유추는 많은 학자들 사이에서 논란이 되었다. 일부 법학자는 무함마드와 꾸란에서 잘못 유추할 수 있는 여지가 있다는 점을 들어 유추를 반대했다. 유추를 사용한 가장 분명한 예는 알코올이 들어 있는 음료에 대한 결정이었다. 일부 법학자들은 대추야자와 포도를 발효한 것만 금지하자고 하였으나, 일부는 유추에 근거하여 알코올이 들어 있는 모든 음료는 금지해야 한다고 했다.

그러나 오늘날 이슬람 국가에서 이슬람 율법(샤리아)이 적용되는 영역은 혼인, 이혼, 자녀 양육, 상속 등 개인 지위법과 관련된 부분들이다. 개인 지위법은 그 근거로 주로 하나피파를 취하면서 필요한 곳에서 다른 법학파의 견해를 취한다. 이런 샤리아의 적용은 나라마다 다르고 시대와 장소에 따라 달랐다. 고전 시기의 법체계가 오늘날 이슬람 국가에서 모든 무슬림의 삶에 크게 중요성을 갖지 못하고 있는 경우도 있다. 고전 법(피흐끄)의 내용들은 법의 원리로는 받아들였지만 무슬림들의 일

상생활에서는 그 법을 우선시하지 않는 경우도 있었다.

율법과 타 종교

오늘날 이집트 사회는 무슬림과 기독교 간의 종교 간 긴장
이 때로는 종교 간 소요騷擾로 발전하고 있는데, 물론 타 종교
에 대하여 배타적이고 차별적인 정치적 이슬람[22]은 사라져야
한다는 목소리도 있다. 이집트 시사 평론가 마크람은 「알아흐
람」에 발표한 글에서 지금 이집트에는 아벨과 카인의 갈등이
상존하고 있다고 진단했다. 그리고 각 종교들이 해당 종교 제일
주의로 나가는 것이 가장 큰 문제라고 꼬집었다. 이집트의 시인
샤우끼(1868~1932)는 터키의 성소피아 성당이 모스크가 된 것
을 빗대어 "교회가 모스크가 되었네. 알사이드(이싸)가 알사이드
(무함마드)에게 준 선물. 알마시흐(이싸)가 우리의 예언자 무함마
드에게 준 선물."[23]이라고 표현했다. 이를 보면 이슬람의 세계관
을 잘 엿볼 수 있다. 터키의 성소피아 성당을 모스크로 만들어
놓은 것도 모자라, 이제는 이것이 알마시흐(이싸)가 무함마드에
게 준 선물이라고 말하고 있는 것이다.

2010년 1월 6일, 이집트의 나가아 함마디(관광지 룩소에서 65킬
로미터 떨어진 곳)에서 무슬림들이 성탄 전야를 보내고 막 교회를
나서던 콥트 기독교인들(이집트의 8,000만 인구 중 콥트 기독교인은 10
퍼센트 정도이다)에게 총기를 난사하여 6명의 무고한 기독교인들
이 죽었다. 사건 발생 뒤 이집트 최고 종교 기관인 '알 아즈하

르'의 쉐이크(최고 수장)는 "이슬람 율법은 인간애와 공평성에 근거한다."라고 강조하면서 "기독교인에 대한 살해는 무지한 과격성과 맹목적인 격분이 빚어낸 결과"라고 했다. 즉 이슬람에 화살을 돌리지 마라는 말이었다. 무바라크 대통령은 "우리는 하나의 국민이며 격분해서는 안 된다. 우리는 이 땅의 자손들이고 이집트인들에게 기독교, 유대교, 이슬람교의 차이는 없으니 종교 간의 소요가 있어서는 안 된다."라고 했다. 이에 이집트 국회의장은 "콥트 기독교는 종교적인 소수파가 아니고 국민의 일부"라고 덧붙였다.

이 사건을 두고 이집트 무슬림들의 시각과 이집트 기독교인들의 시각은 판이하게 달랐다. 우선 이집트 무슬림들은 이번 사건은 종교 간 테러가 아니라고 했다. 2009년 11월 한 콥트 청년(21살)이 무슬림 어린아이(12살)를 강간했고, 같은 해 10월 아시유트에서 기독교 청년이 무슬림 소녀에게 욕설을 퍼붓고 비행을 저지른 사건이 일어났다. 화가 난 소녀의 가족들은 기독교 청년의 아버지를 보복 살해했는데, 이 사건이 발단이 되어 총기 난사 사건도 일어나게 되었다는 것이다.

문제는 실제로 두 사건과 전혀 관련 없는 다른 무슬림들이 성탄 전야 교회 앞에서 무고한 기독교인들을 무차별 난사하였다는 점이다. 이슬람은 전체 무슬림 공동체의 종교다. 그래서 그 공동체의 한 사람에게 행한 청소년의 비행이 무슬림들의 보복으로 이어진 것이다. 전통적으로 나가아 함마디와 아시유트의 기독교인들 중에는 부자들이 많아 그 지역 무슬림들이 기독교인들을 시기했다고 한다. 이집트의 아시우트, 알미냐, 무노프, 나가아 함마디 지역은 이집트 콥트 기독교인들이 타 지역에 비해 비교적 많이 살고 있다. 이 지역 기독교인들은 무슬림이 기독교 여성을 강간하면 가만히 덮어 두고, 이번처럼 기독교 청년들이 문제를 일으키면 이를 확대하여 벌떼처럼 일어난다고 불평했다. 이번 사건은 (1) 정치적인 문제(이슬람 정부 여당과 기독교) (2) 경제적인 문제(실직) (3) 사회적인 문제(무슬림과 기독교인의 혼인) (4) 경제적·심리적인 문제(부유층 기독교인에 대한 무슬림의 시기) 등이 복잡하게 얽혀 있어 무엇이 근본 원인인지를 알기가 어렵다.

이집트 대통령은 이 문제가 종교 간 문제로 확산되면 안 된다고 강조하였으나 이집트 여성 고르게트Georgette Qlini는 "나가아 함마디 사건은 종교 간의 사건"이라고 규정했다. 이집트 기독교인들은 이 사건이 이슬람의 기독교에 대한 차별, 기독교인에 대한 냉대와 소외가 빚어낸 결과라고 했고, 두 종교 간의 보복이 계속되어 오면서 증오와 분노가 폭발한 종교 간의 적개심이 그 원인이라고 했다.[24]

율법과 현실

2005년 덴마크 신문에 무함마드 풍자만화가 실린 적이 있다. 이에 전 세계 무슬림들이 분개하며 덴마크 제품의 불매 운동을 벌였다. 무함마드를 비난하고 모욕한 것을 오늘날 모든 무슬림들 각 개인의 삶을 모욕하고 비난하는 것과 동일시했던 것이다. 그리고 세월이 흘러서 2009년 시리아의 텔레비전 방송에서는 한 무슬림 학자가 나와 "2005년 덴마크 풍자만화 사건 때문에 이슬람을 믿는 사람들이 세계적으로 많이 늘었다."라면서 호탕하게 웃는 장면이 방영되었다. 대체 그들이 모욕당했다고 느낀 것은 무엇이었는지 생각해 보게 되는 대목이다.

당연하겠지만 오늘날 무슬림들을 보고 이슬람을 이해하는 것은 꾸란이나 이슬람 관련 서적들을 보고 이슬람을 이해하는 것과 상당히 다르다. 더구나 무슬림들이 전해 주는 이슬람에 대한 규범적인 이해는 무슬림들이 마땅히 그렇게 하면 좋을 내용들이고 실제 무슬림의 삶과는 많은 부분이 다르다. 필자는 2009년 초 요르단에서 택시를 타고 가다가 무슬림 운전사와 대화를 나눈 적이 있다. 그 무슬림은 "지금 이슬람의 예언자 무함마드가 이 땅에 내려오면 가관일 것이다. 모든 무슬림들이 무함마드가 말한 율법대로 살고 있지 않기 때문이다."라고 말했다.

2005년 11월 요르단의 세 호텔에서 결혼식을 하고 있던 요르단 무슬림들을 죽인 이라크 무슬림들은 "이것은 알라를 위한 지하드"라고 주장했다. 그러나 이에 대해 요르단 국왕은 "이것은 알 카에다와 자르카위가 저지른 범죄 행위에 불과하다."라고 일축했다. 이처럼 동일 사건을 두고도 무슬림들은 "지하드다." 혹은 "범죄 행위다."라는 등 서로 다른 해석을 내놓는다.

이집트 공화국의 무프티 알리 고마는 이슬람 율법(샤리아)의 의도는 윤리적 가치를 강화하는 것이라고 했다. 그에 따르면 이슬람 율법은 세상의 발전을 돕는 것이지 세상을 파괴하는 것이 아니다(「알아흐람」, 2009년 10월 25일자). 그러나 지난 몇 년간 이슬람 국가에는 이슬람 율법에 대한 지식과 자격이 부족한 이슬람 법학자들이 무분별하게 파트와를 내놓았고, 이 때문에 이슬람 세계가 골머리를 앓았다. 알리 고마는 "파트와를 내놓는 무프티는 확고한 학문적 소양을 가져야 한다. 무프티의 역할은 올바른 이슬람을 일깨워 주는 것이다."라고 말했다. 그는 일주일에 1만 5,000건의 파트와를 내야 하는 과중한 업무에 시달리고 있다고 했다. 이집트에서 최근 논의된 파트와 중에는 '이슬람은 동성 결혼을 금하는가?' '자살은 금지되는가?' '장기 이식이 가능한가?' '경마 게임은 가능한가?' '라마단 달 낮에 담배를 피워도 되는가?' '대량살상 무기를 사용할 수 있는가?' '휴대전화 전파 기둥이 모스크의 미나렛(첨탑)보다 높아도 되는가?' 등이 있었다.

한편 2009년 이집트 「알아흐람」은 이슬람 율법과 이집트 헌법은 남성과 여성의 권리와 의무가 동등하다고 말했다. 동시에 이슬람 국가에서 무슬림 여성에 대한 남성들의 차별이 심한 것은 "혼합된 문화유산과 이슬람 종교적 텍스트의 오역이며, 시골 지역에 사는 여성들이 국가의 법도 모르고 율법도 잘 모르는 것이 문제"라고 지적했다.

알아즈하르 대학교 이슬람포교 대학 학장 아흐마드 라비으는 "지난 10여 년간 무슬림들의 종교심(타다윤)은 증대되었으나, 그 이면에는 부패와 부조리가 많아졌고 이것이 사회 각처에 스며들어 치안 불안과 사회적 불안정을 야기하고 있다(「알아흐람」, 2009년 10월 26일자)."라고 했다. 그는 무슬림들이 알라의 율법을 지킨다면 이런 일이 일어날 수 없다고 했다. 아흐마드 학장은 "지금의 종교적 흐름은 겉모양에만 관심을 두고 본질에는 무관심한 것이 심각한 문제"라고 지적하고 "언제부터인지 무슬림들이 외적 의식에만 관심을 두고 행동에는 변화가 없다."라고 했다. 그는 오늘의 무슬림들을 보고 한탄하고 있는 것이다.

아랍 무슬림들은 학교 교육이 실패하였다고 지적한다. 이는 지난 수년간 정치 지도자들이 국가의 안보와 치안에 쏟는 비용이 학교 교육 정상화에 쏟는 비용보다 훨씬 많았기 때문이다. 2005년 오만이 교육비로 책정한 국가 예산은 국내총생산(GDP)의 3.6퍼센트였으나 국방비로는 11.9퍼센트를 책정했다. 사우디아라비아는 같은 기간 국내총생산의 6.8퍼센트를 교육비에 투자했고, 국방비 예산은 8.2퍼센트였다. 2009년 세계 주요 200개 대학에 대한 통계에 따르면 200개 대학에 든 아랍의 대학들은 단 하나도 없었다. 오늘날 이집트 청년들은 공공 학교와 대학 교육의 수준이 과거에 비해 형편없다고 한다. 무슬림의 미래를 책임지는 학교 교육이 부실한 것이다.

노벨 과학상을 받은 이집트인 아흐마드 주엘과 영국에서 개업한 의사 마그디 야으꿉 역시 이집트인들이지만 그들은 아랍 국가에서 대학 교육을 받지 않았다. 2009년 9월부터 쿠웨이트 각 학교에서는 음악이 필수 과목으로 지정되었는데, 초보수 세력 살라피들이 이슬람은 음악을 금한다면서 필수과목에서 음악을 빼 달라고 총리에게 요구했다. 실제로 오늘날 대부분의 아랍 국가에서는 서구 음악과 미술을 가르치지 않는다.

율법과 꾸란 해석

오늘날 수백만의 무슬림들은 꾸란을 읽기는 하지만 꾸란 구절의 의미와 의도는 전혀 이해하지 못한다. 이슬람 학자들은 무슬림들이 꾸란을 읽는데도 전혀 통찰력이 없고 그들의 행동에도 변화가 없으며 다른 사람들과의 관계도 잘못된 경우가 많다고 말한다. 꾸란의 율법은 꾸란의 주석과 밀접하게 관련되어 있었다. 그래서 아랍 책방에 가보면 꾸란 주석 책 옆에 『꾸란의 법』이란 제목의 책들이 즐비하다.

이슬람 율법의 근간은 꾸란과 하디스이지만 실제로 꾸란 주석 방식에 따라 그 의미가 달라지고 꾸란이 내려온 배경에 따라 의미가 달라진다. 또한 해당 이슬람 종파에 따라서도 그 의미가 다르다. 꾸란의 문자 하나하나가 알라에게서 왔다는 데에는 무슬림들 모두 이견이 없으나, 알라가 의도했던 의미를 알아내는 게 외적 의미만으로 충분한지 혹은 상징적, 시적, 비유적으로 해석할지를 두고는 의견이 나뉘어 왔다. 알무으타질라 신학자들은 알라에게 손이 있고 얼굴이 있다는 말을 글자 그대로 주석하면 안 된다고 했다. 이에 비해 알아쉬아리 신학자들은 중도적인 입장을 취하여 알라에게는 얼굴이 있지만 인간과 다르고 어떻게 생겼는지를 인간이 알 수 없다고 했다. 이처럼 꾸란이 여러 층위의 의미들을 포함하고 있고 인간은 이런 의미들을 찾아낼 수 있는 잠재력을 갖고 있다는 전제에서 수피들의 꾸란 주석이 시작되었다.

아랍어는 외적 의미를 전해 주는 일정한 의미나 이미지, 개념을 갖고 있기 때문에 외적 층위의 주석은 역사적 문학적인 측면에서 가능하다. 꾸란 주석가로 유명한 알따바리는 모든 꾸란 구절에는 일부를 제외하고 애매모호한 의미가 없기 때문에 다른 언어로 번역해도 꾸란의 외적 의미는 그대로 전달된다고 보았다. 가령 남편이 모든 부인들에게 공평하게 대할 수만 있으면 4명의 부인까지 취할 수 있다(수라 4장 3절)는 꾸란 구절의 의미가 아랍어는 물론 다른 언어에서도 모두 동일하게 의미가 전달된다고 보았다.[25] 시아파의 이스마일파와 수피들은 꾸란 구절의 내적 의미(esoteric)를 '타으윌'이라고 했다. 그런데 하산 하나피는 본질적으로 꾸란 주석의 문제는 사회 정치적 갈등에서 온 것이라고 했다.

이슬람 순니 법학파 중의 하나인 아부 하니파는 무함마드의 가르침으로 백여 개의 하디스 구절만을 받아들였으나, 보수주의 신학자 아흐마드 븐 한발은 그의 책 『알 무스나드Al-Musnad』에서 만여 개의 하디스 구절을 받아들였다. 하나피파는 몇 개의 전승과 꾸란에서 발췌한 내용을 사용하여 그들의 법률적 사상에 맞는 법률을 만들었고 말리키파는 대중의 유익을 먼저 고려했다.

또 다른 예를 들어 보자. 이슬람에서는 술을 마신 자에 대하여 학파마다 다른 의견을 갖는다. 이슬람 법학자들 대부분은 이 주제와 관련된 꾸란 본문을 해석할 때 아예 술 마시는 것을 금지하는 것으로 이해했으나, 아부 하니파는 꾸란 본문이 술은 마서도 되나 오직 술에 취하는 것만을 금한다고 해석하여 "내가 이로 인하여 지옥에 가면 술을 마시지 않겠다. 그러나 지옥에 떨어지게 되더라도 술 마시는 것을 죄로 여기지 않겠다."라고 했다.

그런데 "이슬람이 모든 것들의 해법"이라고 역설한 이집트의 사이드 꾸뜹(1906~1966)은 그의 책 『마알림 알따리끄(이정표)』와 그의 꾸란 주석 책에서 정치적 이슬람을 촉구하면서 이렇게 말했다. "비이슬람적인 것은 모두 악이므로 생활의 각 부분에서 샤리아가 적용되어야 한다." 그는 미국 유학 후 이집트에 돌아와 서구 문화와의 결별을 선언하고 오직 이슬람만이 해법이라고 강조했다. 그는 "알라의 뜻을 인간에게 알려 줄 자가 누군가?"라고 묻고 그에 대한 대답으로 "우리 울라마들(이슬람 법 학자들)."이라고 밝혔다. 그러나 알아즈하르의 울라마들은 그를 "정도에서 벗어난 사람"이라고 칭한다. 그런데도 오늘날 무슬림들에게 사이드 꾸뜹의 책들이 여전히 영향력을 끼치고 있는 것은 아이러니하다.

비록 무슬림들은 이슬람에는 성직자(clergy)가 없고 인간과 알라 사이에 중개자(intermediaries)가 없다고 강조하나 실제로는 울라마(학자)들이 알라와 인간 사이의 중개자 역할을 하고 있는 셈이다. 울라마가 무슬림들의 삶에 필요한 법적 결정을 할 때 알라의 말이었던 꾸란 그리고 무함마드의 말과 행동이었던 하디스에 근거하여 파트와를 발표하므로 그의 말이 주는 영향력이 크다. 또 무슬림들은 시대가 변천하면서 옛날에 잘 몰랐던 구절이 오늘에 와서 그 의미가 발견되는 것도 있다고 믿는다. 그 때문에 오늘날 무슬림들에게 울라마는 상당히 중요한 권위를 갖는다.

일부 무슬림들은 "1,400년 전의 꾸란은 많은 얼굴을 보여준다."라고 했다. 이집트인 따리끄 학끼는 무슬림들에게 중요한 것은 이슬람의 텍스트 문제가 아니라 무슬림들이 이 텍스트를 읽고 나서 어떻게 이해하고 어떻게 세상에 제시하느냐는 문제라고 했다. 즉 이슬람의 율법과 삶에서 중요한 것은 이슬람의 경전과 하디스를 어떻게 해석하느냐는 문제이고, 이는 무슬림들의 삶에 중요한 변수가 된다.

꾸란을 해석하는 방식에 따라 이슬람 안에서도 과격한 세력들이 등장했다. 그중 아부 알아알라 마우두디(파키스탄)의 자마아테 이슬라미, 사이드 꾸뜹(이집트)의 무슬림 형제단, 오사마 빈 라덴(사우디아라비아)의 알카에다, 아이만 알자와히리(이집트)[26] 그리고 무스압 알 자르카위(요르단) 등이 호전적인 이슬람 성향을 보여 왔다.

율법과 학교 교재

사우디아라비아는 2003년부터 2004년에 걸쳐 학생들의 교재와 커리큘럼을 전면 개정했다. 2001년 미국 무역센터 폭파에 사우디아라비아 출신들이 상당수 가담한 것으로 밝혀졌고, 이로 인하여 국제사회로부터 사우디아라비아가 지하드를 하는 사람들을 양산한다는 비난을 받았던 것이 직접적인 이유였다. 그전의 사우디아라비아 교과서에서는 사우디아라비아에 충성하는 사람을 양성한다는 취지로 '하나의 이슬람(One Islam)'이 되어야 한다고 강조하고, 모든 무슬림은 '하나의 움마(Ummah : 국민)'로 연합하라는 내용도 포함하고 있었다. 물론 왕권의 정통성을 확립하기 위하여 왕정의 통치권을 존중하라는 말도 포함되었다.

사우디아라비아 국민의 10퍼센트는 시아파이고 나머지는 모두 순니파 무슬림들이다. 그리고 수피의 신비적 수행 방식과 사당 방문, 왈리(수피의 스승) 숭배를 교과서에서는 다신 숭배라고 규정하고 금해 왔다. 그러나 2004년 암만 메시지(Amman message)에서는 수피를 정통 이슬람으로 인정했다.

일부 학자들은 오늘날 사우디아라비아 이슬람의 특징을 이집트에서 시작된 무슬림 형제단의 '살라피'라고도 하고 혹자는 '살라파비즘salafabism'이라고 하여 살라피와 와하비즘이 합쳐진 이데올로기라고 했다. 살리피에서 살라프는 무함마드의 동료들과 그의 제자들 그리고 제자들의 제자들, 즉 3대에 걸친 무슬림 조상들의 삶의 방식을 그대로 따라가자는 사람들이다. 와하비즘은 무함마드 븐 압드 알와합이 주창한 이데올로기로 이슬람 갱신(renew) 운동이다. 샤리아를 시대 변화로부터 보호하고 이슬람 교리를 바로잡아 새로운 혁신(비드아)에 저항하고 무함마드 시대의 패턴을 그대로 답습하자는 이데올로기이다. 무함마드 븐 압드 알 와합은 사우드 가문과 더불어 사우디아라비아의 건국 이념을 제공했다.

사우디아라비아 10학년 교재의 '타우히드(단일신 숭배)'에는 '무함마드 븐 압드 알와합의 포교(다아와)'에 대한 내용이 들어 있다. 9학년부터 12학년까지가 배우는 하디스, 타우히드(단일신 숭배), 피끄흐(법학) 등의 과목에는 나즈드(사우디아라비아 지명) 이 슬람의 특징이 잘 나타나 있다. 또, 고등학교의 피끄흐와 하디 스 교재에는 이슬람을 공격하는 이단들을 지목하고 있다. 여기 서는 사비교, 카리지파, 까르마트파, 잔즈파, 이스마일파, 그리고 자힐리아 시대의 부족적 집단정신, 우마위야 시대의 슈우비야 (아랍인들이 지배층이 되는 것을 거부하는 이념), 분파주의자, 무신론 적 세속주의자,[27] 수피즘을 그 예로 들었다. 한편 외부에서 공 격하는 집단으로는 십자군, 몽고, 마즈다교(mazdaism), 우상숭 배자를 예로 들었으며, 현대에 이슬람을 공격하는 이념으로는 식민주의와 시온주의를 꼽았다. 그 밖에 부족적 집단정신인 아 싸비야의 현대적 버전은 터키 민족주의와 아랍 민족주의라고 하였고 사회주의와 오리엔탈리즘 그리고 주술 등이 이슬람을 공격하는 요인이라고 했다. 그러면서 사우디아라비아 교과서 에 나오는 살라피와 와하비즘의 사상은 정통 이슬람이 갖는 사 상이 아니라고 못 박았다. 다시 말하면 이슬람에 대한 혁신적인 사상은 무슬림을 곧 배교자로 변하게 한다고 믿는다. 그중 가장 큰 죄는 알라를 믿는다고 하면서 알라가 아닌 다른 것을 알라 의 동반자로 믿는 '쉬르크'다.

알왈라 와알바라(충성을 보이고 적대감 갖기)의 개념은 2002년 판 사우디아라비아 교과서의 가장 큰 문제섬 중 하나였다. 이 개념은 꾸란 구절 중 "알라가 사랑하는 것을 사랑하고 알라가 증오하는 것을 증오한다."라는 말에서 나왔는데, 이 개념이 사 우디아라비아 교재 곳곳에서 강조되어 타 종교인에 대한 증오심을 키워 왔다는 지적이 있었다. 교과서 내용에 따르면 어느 무슬림이 다른 종교인의 절기에 그들과 같이 즐겁게 놀았다면 그것 역시 알라에게 모욕이 되고 또 카피르에게 "이드 무바라크(명절을 축하합니다)."라고 말하면 십자가를 경배하는 것만큼 나쁘다고 했다. 또 예수의 탄생을 기준으로 한 서력 사용을 금하고, 크리스마스 때 카피르처럼 선물을 교환하거나 그들에게 유행하는 옷을 무슬림이 입거나 그들의 파티에 나가서도 안 된다.[28] 이처럼 타 종교인에 대한 배타성과 증오감을 키우는 것이 사우디아라비아 이슬람의 한 단면이고, 이런 교육을 받은 무슬림들의 윤리와 가치는 곧 우리와 전혀 다른 세계관을 갖게 된다. 그러나 2003~2004년 사우디아라비아 커리큘럼에서는 충성과 적대감 갖기에 해당하는 관련 내용이 삭제되었다.

개혁과 계몽

이슬람 율법에 대한 보수와 개혁 두 그룹이 아랍 무슬림들 속에 있다. 이슬람 율법에 대한 이즈티하드가 허용된다고 주장하는 개혁 그룹과, 이슬람 율법은 신의 말씀인 꾸란과 무함마드의 하디스에 근거하고 있으므로 이즈티하드가 허용되지 않는다는 보수 그룹이 그들이다. 이슬람 율법에 대한 보수적 입장을 갖는 무슬림들은 이슬람 율법에 대해 개혁적 입장을 갖는 사람들과 경쟁해 왔다. 이슬람 율법이 현대적인 삶에 유용하고 적절한 안내자가 될 수 있도록 이즈티하드를 할 수 있고 또 반드시 해야 한다는 이슬람 학자들이 19세기에 등장하였는데, 그들은 알아프가니, 무함마드 압두흐, 무함마드 라시드 리다 등이었다. 개혁적 입장을 갖는 사람들은 리버럴한 무슬림으로 불리기도 하는데 이들은 텍스트의 참된 의미를 보존하기 위하여 필요하면 이즈티하드를 하는 것이 법학자의 권리라고 주장한다. 아랍 정치 지도자들은 리버럴한 이슬람을 표방하고 계몽된 시민 사회의 이슬람을 그들의 이미지로 제시하므로 어두운 이슬람주의자들과는 반대의 이미지를 갖는다.

이집트는 타크피르 문화에 의하여 순진무구한 시민이 살해되는 것을 거부한다. 즉 종교 국가가 아닌 계몽(개화)된 시민 사회를 구현하는 것이다. 이런 흐름을 아랍어로 '탄위르(계몽, 개화)'라고 한다. 그러나 오늘날 이슬람 세계에는 개혁 그룹의 의제를 받아들이지 않고 오직 꾸란의 원칙으로 되돌아가자는 이슬람주의자들이 있다. 꾸란과 순나로 되돌아간다는 말은 7세기 이슬람이 출범한 이후 수세기 동안 부패와 부조리 등 잘못된 통치가 빚은 첨가물들을 벗겨 내는 작업을 하자는 것이다. 이들은 이슬람 율법을 현대 생활에 맞게 재조정할 필요가 없다고 말한다.

이집트에서 1919년 시민 혁명의 기치는 "종교는 신에게 조국은 모두에게"라는 구호였다. 그러나 시민 국가의 적들은 이를 "종교와 조국은 신에게"라는 구호로 바꾸어 시민 국가를 종교 국가로 만들려고 했다. 이집트 사다트 대통령은 집권하자마자 그의 사다트식 체제와 석유에 의한 종교 국가를 추구하는 세력을 한데 뭉쳤다. 나세르 대통령 시절에 감옥에 있었던 무슬림 형제단의 추종자들은 옥에서 풀려 나오면서 곧바로 잡지를 발간하고 대학에 진출하여 나세르 이념과 좌익 세력 그리고 리버럴리즘을 종식시키는 데 앞장섰다. 그들은 1970년 헌법의 제2조를 개정하여 "이슬람 율법이 입법의 기본적인 근간"이라고 확정하였고 무으민 대통령을 요구했다. 물론 나세르 대통령이나 사다트 대통령 모두 무슬림이지만 이슬람주의자들은 대통령이 무으민이어야 한다고 했다. 즉 "모든 일에 이슬람 율법을 적용하는 무슬림"이어야 한다는 것이다. 사다트 대통령은 "정치에는 종교가 있어서는 안 된다."라고 선언했다. 그러나 사실 그는 정치에 종교가 개입되는 어정쩡한 상황에 처해 있었다. 이를 못 마땅하게 생각한 이슬람주의자들은 10월 승리의 기념식에서 그를 살해하고 말았다.

사다트 시절 부통령이었던 무바라크는 대통령이 되자 국민의 타협을 부르짖고 새로운 경제적 기반 위에 국가의 기반 시설을 확충시켰다. 무엇보다도 무바라크 대통령은 나세르와 사다트 대통령 때 전혀 경험할 수 없는 자유를 국민들에게 주었다. 그런데 이 틈을 타서 무슬림 형제단들이 그들의 골격을 다시 세우고 보수적이고 전통적인 문화에 근거하여 그들의 근거지들을 확장했다. 무슬림 형제단은 히스바의 복원을 요구했는데, 이는 고발인이 아무런 해를 입지 않았더라도 이슬람 율법을 어긴 사람을 제삼자가 고발할 수 있는 권한을 갖는 것을 의미한다. 히스바의 권한은 최근 이집트에서 일부 개인들에 의하여 행사

되고 있다. 예컨대 이집트 지식인 나스르 하미드 아부 자이드가 고발을 당한 적이 있다. 그의 글이 이슬람의 가르침에 어긋난다는 게 이유였다. 그는 이슬람 법정에서 이슬람 변절자라는 판결을 받았고 법원은 그에게 아내와 이혼하도록 요구했다.

무슬림 형제단은 '이슬람만이 오직 해법'이라는 구호를 내걸고 종교 국가를 건설하는 데 전력을 다한다. 이들이 추구하는 종교화 성향은 '종교적 깨어남' 혹은 '종교적 회복(싸흐와 디니야)'으로 불린다. 만일 무슬림들이 이전에 카피르였으면 이제는 무으민이 되어야 하고, 만일 사이드 꾸뜹의 말대로 무슬림이 '현대적 자힐리야(이슬람을 모르던 시대)'에 살고 있었다면 이제는 그런 것들을 청산하라는 것이다. 무슬림 형제단은 은행 이자를 법률로 금하고, 전기와 가스 등 공공사업의 국가 소유 그리고 이슬람 율법에 의거한 정부 행정을 주장한다. 또 이슬람 칼리파제 부활, 슈라(이슬람식 의결) 제도와 종교 지도자에 근거한 이슬람 정부 구성을 요구하며, 이스라엘을 합법적인 국가로 인정하지 않는다.

이런 이슬람주의자들에게는 확고한 정치적 동기와 강력한 재정적 뒷받침이 있다. 1979년 이란의 이슬람 혁명과 산유국의 이슬람 재정이 바로 그것이다. 자연스레 종교적 극단 운동을 벌인 알가에나가 세력을 얻어 가면서 시민 국가를 주창하는 무고한 아랍 작가들이 타크피르로 낙인찍혀 살해되었다. 1992년에 파라즈 푸다가 살해되었고, 1994년에는 나깁 마흐푸즈의 살해 시도가 있었는데 미수로 끝났다.

결론적으로 말해서 우리는 오늘날 타크피르의 만행과 제멋대로인 이즈티하드, 무고한 사람들의 빈번한 죽음, 히잡이 니깝으로 변하는 현실을 목격하고 있다. 자비르 아스푸르는 "이제는 이슬람 국가에 테러 집단이 엄연히 존재하고 있고 종교를 기치로 내걸지만 그 뒤에는 칼을 숨기고 있는 사람들도 있다. 이로 인하여 앞으로도 종교적 극단 세력과 정치적 이슬람화를 주창하는 세력들이 부딪히게 될 것(「알아흐람」, 2010년 8월 9일자)"이라고 했다. 서로에게 관용을 베풀고 중용을 강조하던 이집트 사회가 험악한 종교 세력의 위협에 시달리게 된 것이다. 따라서 어느 것을 지키고 어느 것을 버려야 하는지, 또 어떤 노선을 따라야 하는지, 즉 율법의 취사선택 문제는 오늘날 이런 현실과 더불어 이슬람을 믿는 모든 무슬림들이 반드시 진지하게 고려해야 할 숙제로 남게 되었다.

주 ┌───

1) 공일주, 『이슬람 문명의 이해』, 예영커뮤니케이션, 2006, pp.95~97.

2) 이스라엘과 이집트, 시리아, 요르단과의 전쟁에서 이스라엘이 이집트의 시나이 반도와 가자 지구를 빼앗고 시리아의 골란고원을 차지했으며 요르단의 서안과 동예루살렘을 빼앗았던 전쟁이다.

3) 일부 책에서는 이것을 단식(일정 기간 음식을 먹지 않음)이라고 하는데 금식(일정한 계율을 지키려고 음식을 먹지 않음)이 더 적합한 용어이다.

4) 이슬람 학자 압드 알라흐만은 "이슬람 종교를 이해하고 존경한다는 의미에서 외국인을 포함하여 아무도 공공장소에서 라마단 달에 음식을 먹거나 마시거나 담배를 피워서는 안 된다. 만일 이슬람 종교를 존중하지 않는 행동을 보이는 사람들은 누구를 막론하고 처벌해야 한다."라고 했다.

5) 시아파는 이슬람의 소수 종파로 무함마드 후손, 특히 알리의 지혜에 의하여 안내를 받는다. 무함마드의 종교적 리더십, 정신적 권위, 신적 인도는 그의 자손들에게 전달되는데, 특히 알리와 무함마드의 딸 파띠마, 그리고 그들의 두 아들 하산과 후세인에게 이런 능력이 이어진다고 믿는다. 시아파에는 일곱 이맘파(이스마일파), 자이드파, 열두 이맘파 등이 있다.

6) 무으타질라파는 8세기 신학파이다. 알라의 절대적인 단일성, 정의를 강조하다 보니 후세에 '정의와 단일신'으로 알려졌다. 인간 속성이 신과 결부되는 것을 거부했으나 꾸란이 영원하다는 것보다 꾸란이 창조되었다고 주장한다. 인간 이성과 계시 간의 조화를 강조한다. 알라의 명령이 인간 행동의 옳고 그름을 결정하는 유일한 기준이 된다는 아쉬아리파의 주장을 거절한다. 무으타질라파는 명령을 발행하는 자의 성격과 그 명령을 받는 자의 행동 결과두 고려되어야 한다는 것이다. 논리적인 논증과 이성주의적인 윤리가 이슬람 신학에서 철학적 방법론이 발달하는 데 기여했다.

7) 아랍 기독교인들은 이런 종교성이 강한 사람은 종교적 형식에 치우친 사람이라고 생각한다.

8) 시아파를 따르는 이란에서는 얼굴만 남기고 머리 수건을 쓰는 아

랍의 히잡과 같은 것을 루싸리라고 하고 아랍의 니깝에 해당하는 것으로 여성의 얼굴을 포함하여 전체를 덮는 것을 마끄네라고 한다. 그리고 얼굴에서 상체까지 모두 덮는 것을 차도르라고 한다. 만일 외국인 여성이 이란 대사관에서 비자를 신청하려면 루싸리를 써야 한다.

9) Josep w. Meri, *Medieval Islamic Civilization*, 2006.

10) 이집트인 무함마드 무쓰따파 알바라다이가 「알아흐람」에 쓴 글에 의하면 이집트에 산 적이 있었던 10명의 예언자들은 쉬스(셋)와 이드리스, 이브라힘, 루뜨, 유수프, 야으꿉(야곱), 무사(모세), 하룬(아론), 슈아입, 이싸라고 했다. 그리고 땅에서 죽지 않고 하늘로 올라간 예언자는 이드리스와 이싸라 했다(「알아흐람」, 2009년 11월 10일자).

11) 여성의 할례 방식은 네 가지가 있다. 첫째, 양쪽 소음순 일부와 음핵의 일부를 잘라 낸다. 둘째, 양쪽 소음순 전부와 음핵의 일부를 잘라 낸다. 셋째, 양쪽 소음순 전부와 음핵 전부를 잘라 낸다. 넷째, 파라오식의 따하라(infibulation, takmim)라고 불리는데 양쪽 소음순과 대음순 그리고 음핵을 잘라 내고 소변과 월경이 나오는 길은 남기고 대음순의 우측과 좌측을 꿰맨다. 위 네 가지 중 이집트에서 가장 흔한 것은 첫째와 둘째와 셋째 방식이고 넷째 방식은 위 세 가지와 함께 이집트 남부 해안지역에서 발견된다. 이 밖에도 질의 뒷벽을 쪼개거나 음핵과 그 주변을 지지거나 음핵과 소음순을 찌르고, 질의 안쪽 부위를 긁어내거나 음핵이나 소음순을 확장하거나 질속에 약초들을 넣는 일이 있었다.

12) sihaam abd al-salaam, *al-tashwiih al-jinsi lilinaath*, 1996.

13) 공일주, 「아랍 여성의 개인의 법적 지위」, 『중동연구』 제15권 2호, p.44.

14) 아흐마디야파는 인도 편잡 지방에서 굴람 아흐마드 알까디아니 Ghulam ahmad al-qadtani(1839~1908)가 세운 종파로서 그가 마흐디(구세주)라고 주장했다. 아흐마디야파에서는 굴람 아흐마드를 예언자와 메신저로 믿지 않는 사람들이야말로 그들이 바로 카피르라고 했다. 굴람 아흐마드가 죽은 뒤 이들 추종자들은 아흐마디야파와 극단적인 세력인 까디아니파로 나뉘었다. 까디아니파는 무함마드가 예언자들 중에서 가장 마지막 예언자라고 믿지 않는다.

오늘날 이슬람 세계에서는 무슬림이 아흐마디야파나 까디아니파를 따르면 배교자로 간주한다.

15) 예멘에는 1948년 이스라엘 국가가 창설될 때 6만 명의 유대인이 살았으나 그 뒤 3년간 4만 8,000명이 이스라엘로 이주해 버렸다. 2009년 현재 400명이 예멘에 살고 있으나 주변 무슬림들에 의하여 박해를 받고 있다.

16) Lynn welchman, *Women's Rights and Islamic Family Law*, p.47.

17) Michael Bonner, *Jihad in Islamic History*, 2006, p.3.

18) 무슬림이 종교 구빈세를 내는 대신에 비무슬림은 사람의 머릿수대로 세금을 냈는데 이것을 지즈야라고 한다. 이집트에서는 무함마드 사이드(1854~1863) 재위 기간에 기독교인에게 부과된 지즈야가 폐지되었다.

19) Michael Bonner, *Jihad in Islamic History*, 2006, pp.160~161.

20) 2009년 소말리아의 알 샤밥 반군 단체는 브래지어를 착용한 소말리아 여성들에게 이슬람 율법을 위반했다면서 매질을 했다. 그리고 매질당한 여성들은 브래지어가 없다는 것을 증명하기 위하여 젖가슴을 흔들어야 했다. 또한 알 샤밥은 수피들의 모스크와 수피 왈리의 무덤을 파헤쳤다(「요르단 타임스」, 2009년 10월 20일자).

21) 2009년 11월 사우디아라비아 군대가 사우디아라비아 국경을 넘은 후스 가문의 자이디파들을 폭격한 적이 있다.

22) 이슬람 국가에서 비무슬림은 이슬람 포교의 대상이 되어 왔고 중세에는 이슬람을 받아들이지 않았을 때 인두세(사람 머릿수대로 세금을 내는 방식)를 내야 했다. 그리고 이슬람을 받아들이지 않고 인두세를 내지 않았을 때에는 무슬림들은 그들에게 공격을 감행했다(Āl al-bayt foundation, *Treatment of Non-muslims in Islam*, 1992, p.29). 이집트에서는 7세기 이슬람이 점령해 들어올 때 당시 아시유트에 토지를 소유하고 있던 기독교인들은 무슬림들에게 인두세를 낼 수가 있어서 자신들의 신앙만큼은 지켜 낼 수 있었다고 한다.

23) 알사이드는 본래 영어의 미스터(Mr.)보다는 더 높은 경칭이고 알

마시흐는 이싸의 다른 이름이다. 꾸란에서는 이싸를 알마시흐라고 했는데 알마시흐는 구세주의 의미가 아니고 단지 이싸의 다른 이름에 불과하다. 일부 학자들은 이싸가 성경의 예수라고 하나 이 두 인물은 특성에서 서로 다르다.

24) 이집트는 1856년 제정된 오스만 하마유니령(Ottoman Hamayouni Decree)에 따라 기존 교회를 보수하려면 정부의 허가를 받아야 하고, 새 교회 건물을 지을 때는 정부의 승인을 받아야 한다. 콥트 기독교 교회는 2005년 정부와 후스니 무바라크 대통령 그리고 의회(하원)에 교회 건축에 대한 통합법을 심의하여 달라고 청원하였으나 아직까지도 답이 없다. 요르단은 2008년 아랍인 개신교 교회들의 정부 등록을 모두 취소해 버렸다.

25) 꾸란의 번역은 의미론적 작업이고 상징적인 해석이 필요하기 때문에 상황적인 의미를 재구성하는 작업이라고 할 수 있다. 꾸란 18장 78~82절에는 무사와 키드르의 대화가 나오는데 키드르가 자신의 이상한 행동을 무사에게 내적 의미를 통하여 전해 주고 있다. (1) 꾸란은 인간이 모방할 수 없다(꾸란 번역은 불가능하다). (2) 꾸란의 외적 의미는 언어적 역사적인 면에서 번역이 가능하다. (3) 꾸란의 내적 의미는 비밀한 의미가 있으므로 깊은 묵상을 통하여 그 의미를 찾아낼 수 있다(수피들의 타으윌).

26) 알카에다의 제2인자 아이만 알자와히리Ayman Al Zawahiri는 이집트에서 1990년대 이후 외국 관광객들을 상대로 산발적인 공격을 감행했다.

27) 역사적으로는 이슬람 공동체의 연합을 위협하는 분파주의자, 또는 이슬람 신앙 고백을 했으나 비밀 신앙을 견지하고 정통 이슬람에 위해를 끼치는 것으로 의심되는 사람으로 알려져 있으나, 오늘날에는 무신론적 세속주의자를 가리킨다.

28) Eleanor abdella Doumato and Gregory Starrett, *Islam and Textbooks in the Middle East,* 2008, p.161.

이슬람 율법

펴낸날	초판 1쇄 2010년 9월 1일
	초판 3쇄 2013년 10월 31일

지은이	공일주
펴낸이	심만수
펴낸곳	(주)살림출판사
출판등록	1989년 11월 1일 제9-210호

주소	경기도 파주시 문발동 522-1
전화	031-955-1350 팩스 031-624-1356
기획·편집	031-955-4662
홈페이지	http://www.sallimbooks.com
이메일	book@sallimbooks.com

ISBN	978-89-522-1492-8 04080

함께 읽으면 좋은 책

384 삼위일체론 `eBook`

유해무(고려신학대학교 교수)

기독교에서 믿는 하나님은 어떤 존재일까? 성부 하나님과 성자 예수, 그리고 성령이 계시며, 이분들이 한 하나님임을 이야기하는 삼위일체론은 기독교 교회가 믿고 고백하는 핵심 교리다. 신구약 성경에 이 교리가 어떻게 나타나 있으며, 초기 기독교 교회의 예배와 의식에서 어떻게 구현되었고, 2천 년 동안의 교회 역사를 통해 어떤 도전과 변화를 겪으며 정식화되었는지를 일목요연하게 정리했다.

315 달마와 그 제자들 `eBook`

우봉규(소설가)

동아시아 불교의 특징은 선(禪)이다. 그리고 선 전통의 터를 닦은 이가 달마와 그에서 이어지는 여섯 조사들이다. 이 책은 달마, 혜가, 승찬, 도신, 홍인, 혜능으로 이어지는 선승들의 이야기를 통해 선불교의 기본사상을 이해하도록 돕는다.

041 한국교회의 역사 `eBook`

서정민(연세대 신학과 교수)

국내 전체인구의 25%를 점하고 있는 기독교. 하지만 우리는 한국 기독교의 역사에 대해서 너무나 무지하다. 이 책은 한국에 기독교가 처음 소개되던 당시의 수용과 갈등의 역사, 일제의 점령과 3·1운동 그리고 6·25 전쟁 등 굵직굵직한 한국사에서의 기독교의 역할과 저항, 한국 기독교가 분열되고 성장해 왔던 과정 등을 소개한다.

067 현대 신학 이야기 `eBook`

박만(부산장신대 신학과 교수)

이 책은 현대 신학의 대표적인 학자들과 최근의 신학계의 흐름을 해설한다. 20세기 전반기의 대표적인 신학자인 칼 바르트와 폴 틸리히, 디트리히 본회퍼, 그리고 현대 신학의 중요한 흐름인 해방신학과 과정신학 및 생태계 신학 등이 지닌 의미와 한계가 무엇인지를 친절하게 소개하고 있다.

099 아브라함의 종교 유대교|기독교|이슬람교 `eBook`

공일주(요르단대 현대언어과 교수)

이 책은 유대교, 이슬람교, 기독교가 아브라함이라는 동일한 뿌리에서 갈라져 나왔다는 점에 주목한다. 저자는 이를 추적함으로써 각각의 종교를 그리고 그 종교에서 나온 정치적, 역사적 흐름을 설명한다. 이스라엘과 팔레스타인으로 대변되는 다툼의 중심에는 신이 아브라함에게 그 땅을 주겠다는 약속이 있음을 명쾌하게 밝히고 있다.

221 종교개혁 이야기 `eBook`

이성덕(배재대 복지신학과 교수)

종교개혁은 단지 교회사적인 사건이 아닌, 유럽의 종교·사회·정치적 지형도를 바꾸어 놓은 사건이다. 이 책은 16세기 극렬한 투쟁 속에서 생겨난 개신교와 로마 카톨릭 간의 분열을 그 당시 치열한 삶을 살았던 개혁가들의 투쟁을 통해 보여 주고 있다. 마르틴 루터, 츠빙글리, 칼빈으로 이어지는 종파적 대립과 종교전쟁의 역사들이 한 편의 소설처럼 펼쳐진다.

263 기독교의 교파

남병두(침례신학대학교 교수)

하나의 교회가 역사적으로 어떻게 다양한 교파로 발전해왔는지를 한눈에 보여주는 책. 교회의 시작과 이단의 출현, 신앙 논쟁과 이를 둘러싼 갈등 등이 파노라마처럼 펼쳐진다. 사도행전에 나타난 교회의 시작과 이단의 출현에서부터 초기 교회의 분열, 로마가톨릭과 동방정교회의 분열, 16세기 종교개혁을 지나 18세기의 감리교와 성결운동까지 두루 살펴본다.

386 금강경

곽철환(동국대 인도철학과 졸업)

『금강경』은 대한불교조계종이 근본 경전으로 삼는 소의경전(所依經典)이다. 『금강경』의 핵심은 지혜의 완성이다. 즉 마음에 각인된 고착 관념이 허물어져 어디에도 집착하지 않는 상태를 말한다. 이 책은 구마라집의 『금강반야바라밀경』을 저본으로 삼아 해설했으며, 기존 번역의 문제점까지 일일이 지적해 독자들의 이해를 돕고자 했다.

013 인도신화의 계보 `eBook`

류경희(서울대 강사)

살아 있는 신화의 보고인 인도 신들의 계보와 특성, 신화 속에 담긴 사상과 가치관, 인도인의 세계관을 쉽게 설명한 책. 우주와 인간의 관계에 대한 일원론적 이해, 우주와 인간 삶의 순환적 시간관, 사회와 우주의 유기적 질서체계를 유지하려는 경향과 생태주의적 삶의 태도 등이 소개된다.

309 인도 불교사 붓다에서 암베드카르까지 `eBook`

김미숙(동국대 강사)

가우타마 붓다와 그로부터 시작된 인도 불교의 역사를 흥미롭고도 일목요연하게 정리한 책. 붓다가 출가해서, 그를 따르는 무리들이 생겨나고, 붓다가 생애를 마친 후 그 말씀을 보존하기 위해 경전을 만드는 등의 이야기들이 한눈에 들어온다. 또한 최근 인도에서 다시 불고 있는 불교의 바람에 대해 소개한다.

281 예수가 상상한 그리스도

김호경(서울장신대학교 교수)

예수가 그리스도라는 것은 어떤 의미인가? 이 책은 신앙적 고백과 백과사전적 지식 사이에서 현재 예수 그리스도가 가진 의미를 묻고 있다. 저자는 이러한 문제의식을 바탕으로 예수가 보여준 질서와 가치가 우리와 얼마나 다른지, 그를 따르는 것이 왜 우리에게 익숙하지 않은 일인지를 보여주고 있다.

346 왜 그 음식은 먹지 않을까 `eBook`

정한진(창원전문대 식품조리과 교수)

세계에는 수많은 금기음식들이 있다. 유대인과 이슬람교도들은 돼지고기를 먹지 않고, 힌두교의 대부분은 소고기를 먹지 않는다. 개고기 식용에 관해서도 말들이 많다. 그들은 왜 그 음식들을 먹지 않는 것일까? 음식 금기 현상에 접근하는 다양한 방식을 통해 그 유래와 문화적 배경을 살펴보자.

eBook 표시가 되어있는 도서는 전자책으로 구매가 가능합니다.

011 위대한 어머니 여신 | 장영란 eBook

012 변신이야기 | 김선자

013 인도신화의 계보 | 류경희 eBook

014 축제인류학 | 류정아 eBook

029 성스러움과 폭력 | 류성민 eBook

030 성상 파괴주의와 성상 옹호주의 | 진형준 eBook

031 UFO학 | 성시정 eBook

040 M. 엘리아데 | 정진홍 eBook

041 한국교회의 역사 | 서정민 eBook

042 야웨와 바알 | 김남일 eBook

066 수도원의 역사 | 최형걸 eBook

067 현대 신학 이야기 | 박만 eBook

068 요가 | 류경희 eBook

099 아브라함의 종교 | 공일주 eBook

141 말리노프스키의 문화인류학 | 김용환

218 고대 근동의 신화와 종교 | 강성열 eBook

219 신비주의 | 금인숙 eBook

221 종교개혁 이야기 | 이성덕 eBook

257 불교의 선악론 | 안옥선

263 기독교의 교파 | 남병두

264 플로티노스 | 조규홍

265 아우구스티누스 | 박경숙

266 안셀무스 | 김영철

267 중국 종교의 역사 | 박종우

268 인도의 신화와 종교 | 정광흠

280 모건의 가족 인류학 | 김용환

281 예수가 상상한 그리스도 | 김호경

309 인도 불교사 | 김미숙 eBook

310 아힌사 | 이정호

311 인도의 경전들 | 이재숙 eBook

315 달마와 그 제자들 | 우봉규 eBook

316 화두와 좌선 | 김호귀 eBook

327 원효 | 김원명

346 왜 그 음식은 먹지 않을까 | 정한진

377 바울 | 김호경 eBook

383 페르시아의 종교 | 유흥태

384 삼위일체론 | 유해무 eBook

386 금강경 | 곽철환

452 경허와 그 제자들 | 우봉규 eBook

㈜살림출판사

www.sallimbooks.com

주소 경기도 파주시 문발동 522-1 | 전화 031-955-1350 | 팩스 031-955-1355